빼앗은 축복도 유효한가?

류영모 지음

서로사랑

빼앗은 축복도 유효한가?

1판1쇄 발행 2012년 11월 27일

지은이 류영모
펴낸이 이상준
펴낸곳 서로사랑(알파코리아 출판 사역기관)
만든이 이정자, 윤종화, 주민순, 장완철
　　　　 이소연, 박미선, 엄지일
이메일 publication@alphakorea.org

등록번호 제21-657-1
등록일자 1994년 10월 31일
주소 서울시 서초구 방배1동 918-3 완원빌딩 1층
전화 02-586-9211~4
팩스 02-586-9215
홈페이지 www.alphakorea.org

ⓒ서로사랑 2012
ISBN _ 978-89-8471-300-0 03230
* 이 책은 서로사랑이 저작권자와의 계약에 따라 발행한 것이므로
　본사의 허락 없이는 어떠한 형태나 수단으로도 이 책의 내용을 이용하지 못합니다.
* 잘못된 책은 바꿔 드립니다.
* 가격은 뒤표지에 있습니다.

머리글

성경에서 내가 제일 좋아하는 인물은 요셉이다. 내가 제일 닮고 싶은 인물 또한 요셉이다. 나는 꿈꾸는 요셉이 좋고, 요셉의 성품이 좋고, 그의 비전이 좋다. 반면 성경에서 내가 제일 싫어하는 인물은 야곱이다. 정말 닮고 싶지 않은 인물이 야곱이다. 그런데 가끔은 내 안에서 야곱이 꿈틀거린다. 그 야곱이 나를 닮았나 싶다.

성경은 간사하고 속임수에 능한 야곱을 왜 이토록 자세하게 기록하고 있을까? 그것은 야곱을 칭찬하기 위해서가 아니다. 야곱처럼 악바리가 되어 축복을 쟁취하라는 얘기가 아니다. 축복은 소중한 것이니 수단 방법 가리지 말고 빼앗아서라도 가지라는 말이 아니다.

성경은 야곱이라는 인물이 하나님의 복을 받기에 얼마나 합당하지 못한 인물인가를 보여 주는 것이다. 내가 구원받고 하나님의 자녀가 된 것! 그것은 내게 어떤 자격이 있어서가 아니다. 야곱은 나라는 존재가 구원받고 하나님의 자녀가 되기에 얼마나 합당하지 못한 사람인가를 보여 준다.

야곱은 바로 나다. 나는 야곱이다. 그래서 야곱을 공부하다 보면 눈물이 난다. 감사가 넘친다. 이 야곱을 선택하시고 사랑하신 하나님께 감사를 드린다.

비전채플에서
류영모 목사

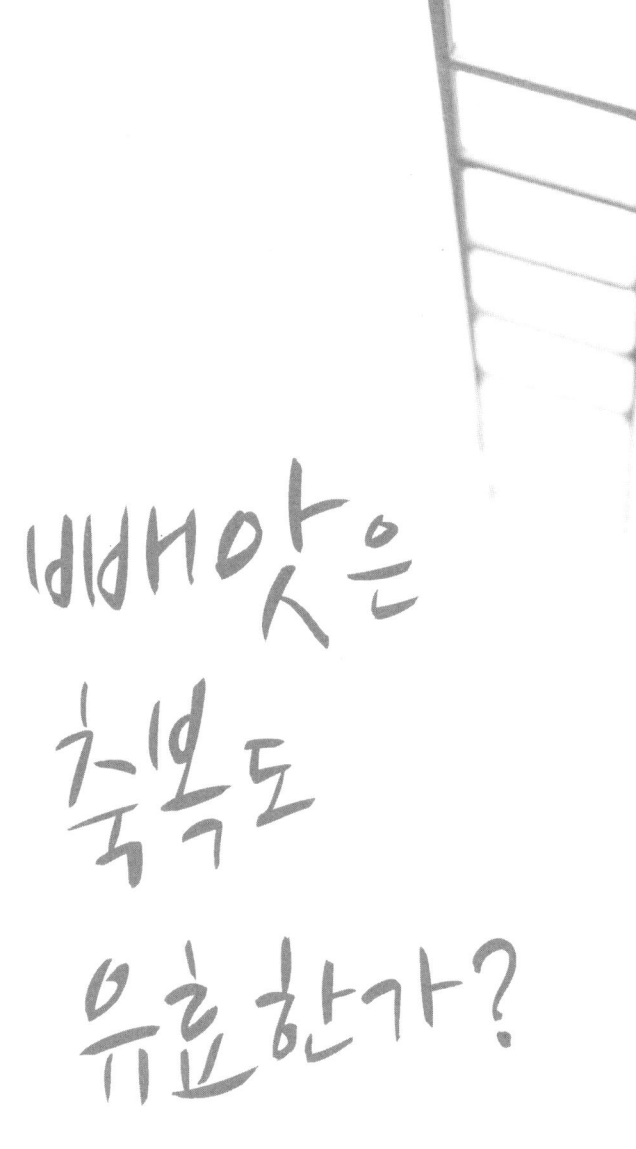

빼앗은 축복도 유효한가?

차례

머리글

1강_ 내가 장자다(창 25:27~34) | 8
에서 vs. 야곱 / 지극히 인간적인 사람, 야곱 / 팥죽 한 그릇의 가치 / 장자권, 그 복된 권리 / 누가 장자인가?

2강_ 그 땅에서 그 해에 백배나 복을 주셨다(창 26:1~22) | 28
인생의 위기 앞에서 / 이 땅에 거류하라 / 그럼에도 불구하고 / 인생 결산

3강_ 브엘세바로 올라가자(창 26:23~33) | 52
브엘세바 / 그 밤에 주신 약속 / 너는 복을 받은 자니라 / 브엘세바로 올라가자

4강_ 축복 받기 작전(창 27:1~23) | 72
축복 받기 작전 / 이삭: 실수하는 늙은이 / 리브가: 위대한 어머니 / 야곱: 부족한 인간을 통하여! / 에서: 하나님의 뜻은 이루어진다

5강_ 야곱: 무조건 용납하신다(창 27~32장) | 92
하나님의 선택 / 은혜의 사닥다리 / 존재를 바꾸시는 하나님

6강_ 돌(창 28:10~22) | 110
인생 역전 / 세 가지 돌 / 에서 / 야곱의 꿈 / 하늘 문을 여는 교회

7강_ **최종병기: 사랑**(창 29:1~20) | 134
영화 〈최종병기 활〉 / 하나님과 함께 펼치는 인생 드라마 / 은혜 받은 발걸음 / 사랑할 수 있음이 감사하다 / 7년을 수일 같이 / 사랑만이 영원하다 / 사랑 때문에

8강_ **레아의 감사**(창 29:31~35) | 156
마지막 강의 / 내겐 왜? / 끼워 팔기 작전 / 연속 4안타 / 레아의 감사 / 우리 시대의 레아, 문준경 전도사

9강_ **희망의 새 아침**(창 32:24~31) | 176
큰 씨름 큰 인물 / 거꾸로 살아온 인생 / 하나님이 걸어 온 씨름 / 홀로 남았더니 / 엉덩이뼈가 부러진 새벽 / 이름(인생)이 바뀌었다 / 희망의 새 아침

10강_ **야곱의 종교개혁**(창 35:1~15) | 198
존재의 목적 / 야곱의 생애 / 형제의 화해 / 야곱의 현실 추구 / 야곱의 종교개혁 / 날마다 개혁 / 존귀한 종교, 기독교

11강_ **몇 살 먹었습니까?**(창 47:7~10) | 222
몇 살 먹었냐? / 질문의 의미 / 영적인 나이가 얼마인가? / 이제 어떻게 살 것인가?

12강_ **축복의 가문을 이어 가라**(창 48:15~49:2, 히 11:20~21) | 244
도입 / 말의 힘 / 인생의 절정: 축복의 순간 / 축복의 내용: 창세기 본문 / 어떻게(How) 축복할까?

1강

내가 장자다

(창 25:27~34)

"그 아이들이 장성하매 에서는 익숙한 사냥꾼이었으므로 들사람이 되고 야곱은 조용한 사람이었으므로 장막에 거주하니 이삭은 에서가 사냥한 고기를 좋아하므로 그를 사랑하고 리브가는 야곱을 사랑하였더라 야곱이 죽을 쑤었더니 에서가 들에서 돌아와서 심히 피곤하여 야곱에게 이르되 내가 피곤하니 그 붉은 것을 내가 먹게 하라 한지라 그러므로 에서의 별명은 에돔이더라 야곱이 이르되 형의 장자의 명분을 오늘 내게 팔라 에서가 이르되 내가 죽게 되었으니 이 장자의 명분이 내게 무엇이 유익하리요 야곱이 이르되 오늘 내게 맹세하라 에서가 맹세하고 장자의 명분을 야곱에게 판지라 야곱이 떡과 팥죽을 에서에게 주매 에서가 먹으며 마시고 일어나 갔으니 에서가 장자의 명분을 가볍게 여김이었더라"

에서 vs. 야곱

하나님도 다루기 어려운 사람, 하나님께서 복을 주고 싶어도 복을 줄 수 없는 사람들의 유형이 몇 가지 있다고 한다. 첫째, 소달구지 유형이다. 누군가 끌어 주면 덜커덩거리고 가지만, 아무도 끌어 주지 않으면 꼼짝 않고 서 있는 사람이다. 둘째, 꼬리 연 유형이다. 꼬리를 흔들고 높이 올라가다가 어느 날 보면 땅바닥에 곤두박질치는 사람이다. 셋째, 고양이 유형이다. 고양이는 머리에서 꼬리 쪽으로 잘 쓰다듬어 주면 야옹 야옹~ 좋아하며 따른다. 그러나 거꾸로 털을 쓰다듬어 올리면 아무나 할퀴려 달려든다. 주인도 모르고 할퀴어 버린다. 이처럼 잘 쓰다듬어 주고 돌보아 주면 야옹거리고 따르다가도, 자기 뜻에 안 맞으면 아무나 할퀴는 사람들이 있다. 이런 사람은 하나님도 다루기 힘드시다. 넷째, 문제 학생 유형이다. 지각, 조퇴하기 좋아하고, 걸핏하면 휴학하고, 다른 교회로 전학 가고, 안 되면 자퇴하는 사람들이 있다고 한다. 마지막 유형은 크리스마스트리에 붙어 있는 꼬마 전구 유형이다. 깜빡거리고 있는데 켜진 것인지 꺼진 것인지, 산 것인지 죽은 것인지 분간하기 어려운 신앙의 유형이라고 한다.

세상에서 제일 불행한 사람은 복을 받지 못한 사람이 아니다. 내가 받은 복이 무엇인지 알지 못하는 사람, 내가 받은 복이 무엇인지 알지 못하기 때문에 감사할 줄 모르는 사람, 그래서 마침내 그 복을 지키지 못하는 사람, 이런 사람이 불행한 사람이다.

이런 신앙 유형의 한 사람이 바로 본문에 등장하는 에서라는 인물이다. 반면, 복이 무엇인지 알았던 사람, 그 복을 얻기 위해서 몸부림했던 사람, 받은 복을 지키기 위해서 가슴에 부둥켜안고 숨을 거둔 사람이 야곱이다.

이 두 사람의 아버지는 이삭이다. 이삭은 마흔에 결혼했으나 20년 동안 아이가 없었다. 60세에 쌍둥이를 얻었는데, 큰아이는 붉은 털북숭이로 태어나서 '붉다'는 뜻으로 에서라 이름 하게 되었고, 작은 아이는 형의 발뒤꿈치를 붙들고 태어났기에 '남을 걸려 넘어지게 하는 자'

라는 뜻으로 야곱이라 이름 하게 된다.

창세기 25장 27절은 이렇게 문을 열고 있다: "그 아이들이 장성하매 에서는 익숙한 사냥꾼이었으므로 들사람이 되고 야곱은 조용한 사람이었으므로 장막에 거주하니." 이 말씀은 에서와 야곱의 직업을 설명해 준다. 지금은 2만 가지가 넘을 정도로 굉장히 세분화되어 있지만, 이 당시의 직업은 세 가지 정도였다. 그 첫째가 사냥꾼이다. 요즘으로 말하면 '사' 자 돌림의 직업, 성공한 정치인, 유명한 연예인이라 할 수 있다. 아무나 할 수 없다. 사냥을 하려면 신체가 건장해야 하고, 힘이 있어야 하고, 용맹스러워야 한다. 더구나 에서는 '익숙한' 사냥꾼이었다. 노련한 사냥꾼이란 말이다. 유명 연예인이나 '사' 자 돌림의 직업을 가진 사람 가운데도 더 노련하고 인기 있는 사람들이 있는 것처럼, 당시 사냥꾼 중에도 더 뛰어난 사냥꾼이었다. 동네 처녀들은 에서에게 시집가는 것이 꿈이었는지도 모른다. 에서가 깊은 산중에 들어가 사냥감을 잡아서 동네에 들어오면 동네 처녀들이 마을 입구까지 나와서 "에서! 에서!" 하며 환호하는 장면을 상상해 보라. 두 번째 직업은 목축이나 농사꾼이 되는 것이다.

요즘으로 말하면 평민, 중산층이다. 그리고 마지막으로 제일 인기 없는 직업이 집에서 살림하는 남자다. 동네 처녀들이 얘기하다가 "야곱한테나 시집가라"고 하면 욕이 되는 것으로 생각하면 된다. 드라마나 영화의 첫 부분에서 대개 주인공은 초라하게 등장한다. 반대로 악역을 맡은 사람은 무대에 아주 화려하게 등장한다.

본문 27절에 보면 야곱은 초라하게 등장한다. 야곱은 부엌에서 불 때는 아이 정도로 등장하지만, 에서는 아주 멋있는 모습으로 등장하고 있다. 이어지는 28절에 보면 "이삭은 에서가 사냥한 고기를 좋아하므로 그를 사랑하고 리브가는 야곱을 사랑하였더라"라고 기록되어 있다.

지극히 인간적인 사람, 야곱

성경에 나오는 큰 인물, 즉 아브라함 같은 사람을 대할 때면 그 믿음이 너무 너무 크기 때문에 흉내 낼 엄두가 나지 않는다. 출애굽의 영웅 모세는 그 인물의 스케일이 너무 크기 때문에 그를 바라볼 때마다 좌절감 같은 것이 생긴다. 엘리야 같이 하늘에서 불을 내리기도 하고, 하늘

문을 닫기도 하고 열기도 하는 능력의 선지자들을 만나면 기가 죽어서 도무지 흉내 낼 엄두를 내지 못한다. 더구나 사무엘이나 요셉 같은 인물은 평생 살면서 흠도 티도 없었다. 깨끗하게 살아왔던 사람들이다. 그런 사람들을 바라보면 오히려 낙망을 하게 된다: '나는 언제 저런 사람을 본받을 수 있을까?'

그러나 야곱이란 인물을 보면 좀 만만하다. 야곱의 삶을 보면 나하고 비슷한 데가 많아서 '아, 나도 복 받을 만하다' 하는 자신감이 생긴다. 어떤 때는 야곱보다 내가 나은 것 같아서 하나님께 물어본다: "하나님, 어쩌시려고 저런 야곱 같은 인물을 선택하셨습니까?" 그러면 하나님이 얼른 가르쳐 주신다: "너 같은 인물도 선택하기 위해서다." 그래서 야곱을 보면 친밀감을 느낀다.

"이삭은 에서가 사냥한 고기를 좋아하므로 그를 사랑하고 리브가는 야곱을 사랑하였더라." 여기에는 배경이 있다. 어머니 리브가의 태중에서 쌍둥이 아이들이 토닥토닥 싸우고 있었다. 본문 조금 앞 22절에서 리브가가 하나님께 물었다: "이럴 경우에는 내가 어찌할꼬." 그러자 23절에서 하나님이 대답하신다: "두 국민이 네 태중에 있구나 … 큰 자가 어린 자를 섬기리라." 리브가는 형이 아닌 아우를 선택하셨다는 하나님의 말씀을 기억하여 가슴에 품고 살았다. 이 야곱을 통하여 하나님께서 어떻게 역사의 무대에서 하나님의 뜻을 이루어 가실 것인지 경외감을 가지고 하나님을 바라보는 가운데 야곱을 사랑하게 된 것이다. 하나님의 말씀을 사랑했다는 뜻이기도 하다. 그런데 아버지 이삭은 대단히 감정적이고 육감적인 사람이었다. 맛있는 고기에 마음을 빼앗기고 살았다: "이삭은 에서가 사냥한 고기를 좋아하므로 그를 사랑하고." 하나님의 말씀이 무엇인지, 하나님의 뜻이 무엇인지 무관심하게 살았다는 것이다. 별미가 좋아서 에서를 사랑하는 그런 인물이었다는 말이다.

팥죽 한 그릇의 가치

그러던 어느 날, 재미있는 사건이 벌어지게 된다. "야곱이 죽을 쑤었더니 에서가 들에서 돌아와서 심히 피곤하여 야곱에게 이르되 내가 피곤하니 그 붉은 것을 내가 먹게 하라"(29~30절). 피곤하다는 말이 두 절에 두 번이나 나온다. 이 말은 에서라는 인물은 배가 고프면 눈에 보이는 게 없다는 말이다. 세상 살아가다 조그마한 문제라도 생기면 눈에 보이는 게 없이, 신앙이고 예배고 생각하지 않고 코앞의 문제만 해결하기에 급급한 존재가 에서였다는 것이다. 배가 몹시 고픈데 마침 야곱이 팥죽을 끓이고 있었다. 구수한 냄새를 풍기는 팥죽이 보글보글 끓고 있다. 팥죽을 한 그릇 달라 해야 하는데 너무 배가 고프니까 팥죽이란 이름도 생각나지 않는 것 같다. "그 붉은 것을 내가 먹게 하라" 이렇게 얘기한다.

그러나 야곱이란 인물은 오랫동안 장자의 명분에 대한 욕심이 있었다. 어떻게 해서든 장자의 명분을 받아야 하는데, 하나님께 믿음의 큰 복을 받아야 하는데, 믿음의 큰 그릇이 되어야 하는데, 이런 열망을 가지고 살았기 때문에 기회가 왔을 때 이 기회를 놓칠 수 없었던 것이다.

야곱은 "형의 장자의 명분을 오늘 내게 팔라"(31절)고 했다. 에서는 이 장자의 명분을 가볍게 여겼다. 장자의 명분이 눈에 보이는 것인가? 손에 잡히는 것인가? 등기에 올려놓는 거라도 되는가? 장자의 명분이 있다고 해서 사업이 잘되는 것도 아니고, 사냥이 잘되는 것도 아니다.

세상 사람들하고 다를 게 별로 없다. 있으나 마나 하다고 생각한 것이다.

믿음이라는 게 그렇다. 믿음이 있다는 게 눈에 보이는가? 손에 잡히는가? 호적등본 올리듯 믿음을 등본에 올릴 수 있는 것인가? 그렇기 때문에 가끔 우리는 이 믿음이 아무것도 아닌 것처럼 여겨질 때가 있다. 하나님의 자녀가 되었다는 것이 세상 사람들하고 아무런 차이가 없는 것처럼 여겨질 때가 있다.

장자권, 그 복된 권리

"형의 장자의 명분을 오늘 내게 팔라." 이 얘기는 에서만 요구받은 것이 아니다. 지나간 세대의 모든 신앙인들이 끊임없이 받았던 도전이다. 지금 이 땅에 살아가는 모든 성도들이 받는 유혹이다. 또 앞으로 오고 오는 세대에 하나님의 모든 백성들이 끊임없이 이 도전을 받게 될 것이다: "너의 장자의 명분을 팔아라." 현실에 어려움이 있을 때, 가정에 문제가 생겼을 때, 직장에 갈등이 생겼을 때, 사업에 어려움이 생겼을 때 세상 사람들이 우리에게

요구한다: "네 신앙을 팔아라!" 신앙이 밥 먹여 주냐? 예수가 밥 먹여 주냐? 너의 장자의 명분을 팔아라. 신앙을 팔아라. 하나님의 자녀 된 권세를 팔아라. 너의 은혜를 팔아라. 덕을 팔아라. 사랑을 팔아라. 영원을 팔아라. 상급을 팔아라. 말씀을 팔아라. 기도를 팔아라. 예배를 팔아라. "너의 장자의 명분을 오늘 내게 팔라." 이 도전이 끊임없이 우리 앞에 던져진다.

이때 에서는 어떻게 했는가? "장자의 명분을 팔라고? 무슨 얘기야? 장자의 명분을 팔다니? 내 목이 만 개라도 난 그걸 팔 수 없어." 이랬어야 했는데, 32절에 보면 "내가 죽게 되었으니 이 장자의 명분이 내게 무엇이 유익하리요"라고 경망스럽게 말한다. 현실을 과장하고, 직면한 문제를 과장하고 있다. 인생을 살다 보면 문제에 부딪히고 온갖 난제에 부딪힌다. 그때 문제를 긍정적으로 보고 긍정적으로 판단하고 긍정적으로 말할 수도 있는 반면, 또 얼마든지 부정적으로 판단하고 부정적으로 말할 수 있다. "내가 죽게 되었으니"라는 이 말이 얼마나 자기를 속이는 것인지 모른다. 내가 죽게 생겼기 때문에 아무렇게나 말하고 아무렇게나 판단하고 아무렇게나 행동해도 된다고 생각한다. 그러나 그렇지 않다. 배고프다고 금방 죽지 않는다. 밥 한 끼 굶었다고 절대 죽지 않는다. 잠시 후면 온 가족이 둘러앉아 팥죽을 먹게 될 것이다. 조금만 참으면 된다. 그런데 내가 죽게 생겼다니! 영적인 눈이 없는 사람은 언제나 현실의 문제를 과장한다. 자기가 당한 문제를 과장한다. 그래서 기껏 하는 얘기가 "이 장자의 명분이 내게 무엇이 유익하리요"(32절)이다. 이 얼마나 어처구니없는 말인가? 에서에게 다른 무엇이 그렇게 소중했단 말인가? 고기 한 근이 귀했을까? 아니면 팥죽 한 그릇이 귀했을까? 그것이 인생의 전부인가?

장자의 명분은 대단히 유익한 것이다. 장자의 권세는 어마어마한 것이다. 장자의 명분은 가문의 족보를 이어가는 권세를 말한다. 원래 '아브라함은 이삭을 낳고 이삭은 에서를 낳고' 이렇게 기록돼야 하고, '아브라함과 이삭과 에서의 하나님' 이렇게 기록되어야 한다. 그런데 에서는 빠지고 야곱이 들어간다. 구원의 족보를 잃어버린 것이다. 생명책에 내 이름이 기록되는 권세를 잃어버린 것이다. 구원의 반열을 잃어버린 것이다. 천국 백성의 권리를 잃어버린 것이다. 그래서 "아브라함과 이삭과 야곱의 하나님"이 되어 버렸다. "아브라함은 이삭을 낳고 이삭은 야곱을 낳고"가 된 것이다.

장자권은 가문의 재산을 물려받는 권세다. 아버지 재산의 두 몫을 받을 수 있는 권세다. 가보가 있을 때 그것을 먼저 가질 수 있는 권세다. 장자의 권세라는 것은 하나님 나라의 상속권을 의미한다. 하나님께서는 천지 우주만물을 창조하시고 우리에게 주실 어마어마한 영적인 유산을 준비하고 계신다. 이것이 장자의 권세라는 것이다. 장자권이 눈에 보이지 않는다고 아무렇게나 행동하고, 아무렇게나 취급하고, 아무런 가치를 부여하지 않아도 되는 것이 아니라는 말이다.

장자권은 축복의 권세를 이어 가는 권세다. 장자가 손을 들어 축복하면 가문의 모든 사람들이 복을 받는다. 장자가 매면 가문의 사람들 가운데 저주를 받을 수도 있다. 우리가 하나님의 자녀가 되었다는 것은 우리의 손끝과 입술에 축복의 권세가 있다는 말이다.

또 한 걸음 나아가, 장자권은 제사권이다. 장자는 집안사람들이 죄를 범했을 때 죄를 전부 가슴에 끌어안고 하나님 앞에 나아가게 되어 있다. 양을 잡아서 하나님 앞에 제사를 드리면서 "하나님 아버지, 우리 집안에 아무개가 이런 죄를 범했습니다. 하나님의 말씀을 거역했습니다. 율법을 파괴했습니다. 십일조를 도둑질했습니다. 부모를 거역했습니다. 거짓말했습니다" 하고 고백하는 것이다. 하나님 앞에 나아가 속죄의 제사를 드리면 죄 지은 자들이 사함을 받게 된다. 장자는 또 모든 식구들의 기도 제목을 들고 하나님 앞에 나아간다. 장자권은 곧 기도의 권세를 말하기도 한다.

이런 어마어마한 장자의 명분, 장자의 권세가 있는데 에서는 "내게 무엇이 유익하리요" 하며 하나님 자녀의 권세를 모르고 살았던 존재다. 그러나 그 유익을 알았던 야곱! 그 명분의 권세를 알았던 야곱은 기회가 왔을 때 이 기회를 놓치지 않는다.

> "에서가 이르되 내가 죽게 되었으니 이 장자의 명분이 내게 무엇이 유익하리요 야곱이 이르되 오늘 내게 맹세하라 에서가 맹세하고 장자의 명분을 야곱에게 판지라 야곱이 떡과 팥죽을 에서에게 주매 에서가 먹으며 마시고 일어나 갔으니 에서가 장자의 명분을 가

볍게 여김이었더라"(32~34절).

어쩌면 교활하고 간사하기 짝이 없는 야곱. 그는 남의 배고픈 약점을 이용해서 팥죽 한 그릇 가지고 장자의 명분을 가로챘다. 그러나 오늘 이 사건을 두고 하나님이 뭐라고 평가하시느냐가 대단히 중요하다. 성경은 이 사건을 어떻게 기록하느냐 하는 것이 대단히 중요하다. 성경은 말한다: "야곱은 사랑하고 에서는 미워하였다." 신령한 것의 소중함을 알았던 야곱을 하나님이 사랑하셨다. 그리고 장자의 명분을 가볍게 여겼던 에서를 가볍게 여기셨던 것이다. 이것이 하나님의 평가다.

히브리서 12장 16절은 "한 그릇 음식을 위하여 장자의 명분을 판 에서와 같이 망령된 자가 없도록 살피라"라고 말씀한다. 이어지는 17절에서는 "기회가 지난 다음에 축복을 이어받으려고 눈물을 흘리며 구하되 버린 바가 되어 회개할 기회를 얻지 못하였느니라"라고 말씀한다. 에서의 이 행동은 팥죽 한 그릇에 구원을 판 것이다. 믿음을 판 것이다. 예수를 판 것이다. 이것이 성경의 지적이요, 평가다.

야곱의 교활하고 간사한 행위를 배우라는 것이 아니다. 눈에 보이지 않는다고 아무렇게나 취급하지 말고, 신령한 것을 사모하고, 하나님의 자녀 된 권세의 소중함을 아는 사람이 되라는 것이다. 세상 살아가다 어떤 어려움, 어떤 위기와 고난에 부딪힌다 할지라도, 또 어떤 대가를 지불한다 할지라도 나는 예수를 팔지 않겠다, 믿음을 배신하지 않겠다, 하나님의 말씀을 짓밟고 살지 않겠다, 죽어도 말씀대로 산다, 예수 이름으로 살고 예수 이름으로 죽을 것이다 하는 이것이 야곱의 가치관이다. 변두리 인생이 되지 않겠다는 것이다. 구원 공동체의 중심에서 벗어나지 않겠다, 믿음의 도리를 배반하고 살지 않겠다는 것이다.

누가 장자인가?

구원받은 이 땅의 모든 하나님의 자녀들은 장자다. 당신의 손끝에 축복의 권세가 있다. 우리의 입으로 말미암아 복이 내리고 저주가 내리게 된다. 우리에겐 하나님 나라의 상속권이 있다. 우리는 하나님으로부터 유산을 물려받은 사람들이다. "영접하는 자 곧 그 이름을 믿는 자들에게는 하나님의 자녀가 되는 권세를 주셨으니." 하나님의 자녀는 하나님의 모든 권세와 하나님의 모든 자원들을 내 것으로 받게 된다. 우리는 인생의 문제가 있을 때마다, 어려움이 있을 때마다 하나님 앞에 나아가 예배할 수 있는 권세가 있다: "지금까지는 너희가 내 이름으로 아무 것도 구하지 아니하였으나 구하라 그리하면 받으리니 너희 기쁨이 충만하리라." 기도의 권세가 있는 것이다. 무엇이든지 구하면 하나님께서 들어주신다고 약속하고 계신다. 이것이 예배권이요, 장자의 권세다.

장자권의 엄청난 권세를 알고 그 권세를 누리며 살았던 사람. 그가 야곱이요, 이 땅의 진정한 장자다. 야곱이 나중에 큰 부자 되어서 고향으로 돌아온다. 형 에서가 군대를 이끌고 자기를 죽이러 온다는 소문이 들려온다. 낙타와 소와 그 외에 어마어마한 예물을 형에게 갖다 바친다. 그러나 장자의 명분만은 돌려주지 않는다. 장자의 명분을 가슴에 부둥켜안고 살다가, 장자의 명분을 가슴에 부둥켜안고 죽어 간다. 이것이 장자로 죽어 가는 삶이다.

민족에도 장자 민족이 있다. 우리 대한민국 지도를 펼

쳐 놓고 보면 어찌 이렇게 조그마한 땅이 있을 수 있을까 싶다. 그것도 모자라 세계 유일의 분단국가로 허리마저 뚝 잘려 있다. 지하자원이 많은 것도 아니다. 군사력이 강한 나라도 아니다. 그럼에도 불구하고 우리는 예수 안에서 위대한 나라다. 예수 안에서 위대한 민족이다. 예수 안에서 위대한 시대를 이끌고 있다. 우리는 말씀 안에서 위대한 민족이다. 땅 끝까지 복음을 전하며 마지막 때에 쓰임 받는 민족이다. 하나님께서 이 백성을 사셨기 때문에 그렇다. 땅 끝까지 복음을 전하는 그 일은 누가 뭐라 하더라도 한국 교회를 통하여 이루어지게 될 것이다. 예수 안에서 위대한 나라, 이 민족은 장자 민족이다.

성도들도 장자 성도가 있다. 예배드리고 싶으면 드리고, 바쁘면 안 나오고, 그게 아니다. 예배의 장자의식을 가져야 한다. 나는 하나님 앞에 설 때까지 타협하지 않는다, 세상 어떤 일이 있더라도 예배에, 성공자의 자리에 앉아 있겠다, 예배에 타협하고 살지 않겠다는 것이 예배의 장자들의 태도다.

또한 물질 헌신의 장자들이 있다. 열심히 땀 흘려 돈을 벌고 하나님 앞에 정직한 사업을 한다. 나 혼자 잘 먹고 잘 사는 것이 아니라, 온전하고 정직하고 타협하지 않는 십일조를 하나님 앞에 드리고 산다. 나머지 물질을 가지고도 깨끗하게 살 것이며, 나를 위해서만 쓰지 않고 하나님의 영광의 비전을 위해서 쓰겠다는 작정을 하고 사는 성도들이 많다. 물질 헌신의 장자들이다.

You can be a leader! 우리 모두 교회의 리더가 될 수 있다. 교회 비전과 주님의 비전을 가슴에 품고 살 때 비전의 장자가 된다. 당신은 장자다. 큰 비전을 가지라. 종지 마음을 버리길 바란다. 큰 그릇이 되길 바란다. 마음을 넓히길 바란다. 무명한 자 같으나 유명한 자다. 가난한 자 같으나 많은 사람을 부요하게 하는 자다. 아무것도 없는 자 같으나 모든 것을 가진 자다. 당신이 바로 장자다.

불평하면 졸병이 되고, 감사하면 장자가 된다. 매사에 무관심하고 뒤에 서서 구경꾼 노릇만 하면 졸병이 된다. 언제나 중심 자리로 달려가길 바란다. 구원의 중심, 공동체의 중심, 비전의 중심으로 달려 들어가는 장자가 되길 바란다.

가족을 만날 때도 장자의식을 가지고 만나길 바란다. 내가 어떻게 기도하느냐, 내가 어떻게 축복하느냐, 어떻게 살아가느냐, 어떤 모습을 보이느냐, 어떤 향기를 발하느냐에 따라서 우리 가문이 복을 받기도 하고 저주를 받기도 한다는 장자의식을 가지고 살길 바란다.

육신적으로 보면 동생이지만, 영적으로 보면 내가 장자다. 축복의 권세를 가지고 들어가는 것이다. 집안에서 화목을 깨뜨리지 말자. "역시, 우리 동서를 봐. 예수를 믿으려면 저렇게 믿어야지." 이게 장자다. 화목을 깨뜨리지 말자. 믿지 않는 남편을 대할 때 인내하고 참자. 하나님을 알지 못하는 시아버지, 시어머니 앞에서 참고 본이 되자. 당신이 장자이기 때문에 그렇다.

십자가를 짊어지고 살아야 되는 사람이 있다. '예수님께서 십자가를 지심으로 부활의 첫 열매가 되셨느니라.' '주께서 십자가를 지심으로 하나님 나라의 맏아들이 되셨느니라.' 십자가를 감당하면 맏아들이 된다. 장자가 된다. 그러나 십자가를 버리면 졸병이 되는 것이다.

스데반은 순교의 자리에서도 원수를 용서했다. 장자로 죽어 간 것이다. 하나님 앞에서 교회를 섬기면서, 가족들을 만나면서, '나는 장자다, 내게 축복권이 있다, 내게 예배권이 있다, 나는 마음이 큰 사람이다, 믿음이 큰 사람이다, 내가 장자다' 하는 마음으로 이 세상을 살아가기 바란다. 장자로서 가족 안에 들어가길 바란다.

내가 장자다. 내가 장자다.

2강

그 땅에서 그 해에 백배나 복을 주셨다

(창 26:1~22)

"아브라함 때에 첫 흉년이 들었더니 그 땅에 또 흉년이 들매 이삭이 그랄로 가서 블레셋 왕 아비멜렉에게 이르렀더니 여호와께서 이삭에게 나타나 이르시되 애굽으로 내려가지 말고 내가 네게 지시하는 땅에 거주하라 이 땅에 거류하면 내가 너와 함께 있어 네게 복을 주고 내가 이 모든 땅을 너와 네 자손에게 주리라 내가 네 아버지 아브라함에게 맹세한 것을 이루어 네 자손을 하늘의 별과 같이 번성하게 하며 이 모든 땅을 네 자손에게 주리니 네 자손으로 말미암아 천하 만민이 복을 받으리라 이는 아브라함이 내 말을 순종하고 내 명령과 내 계명과 내 율례와 내 법도를 지켰음이라 하시니라 이삭이 그랄에 거주하였더니 그 곳 사람들이 그의 아내에 대하여 물으매 그가 말하기를 그는 내 누이라 하였으니 리브가는 보기에 아리따우므로 그 곳 백성이 리브가로 말미암아 자기를 죽일까 하여 그는 내 아내라 하기를 두려워함이었더라 이삭이 거기 오래 거주하였더니 이삭이 그 아내 리브가를 껴안은 것을 블레셋 왕 아비멜렉이 창으로 내다본지라 이에 아비멜렉이 이삭을 불러 이르되 그가 분명히 네 아내거늘 어찌 네 누이라 하였느냐 이삭이 그에게 대답하되 내 생각에 그로 말미암아 내가 죽게 될까 두려워하였음이로라 아비멜렉이 이르되 네가 어찌 우리에게 이렇게 행하였느냐 백성 중 하나가 네 아내와 동침할 뻔하였도다 네가 죄를 우리에게 입혔으리라 아비멜렉이 이에 모든 백성에게 명하여 이르되 이 사람이나 그의 아내를 범하는 자는 죽이리라 하였더라 이삭이 그 땅에서 농사하여 그 해에 백 배나 얻었고 여호와께서 복을 주시므로 그 사람이 창대하고 왕성하여 마침내 거부가 되어 양과 소가 떼를 이루고 종이 심히 많으므로 블레셋 사람이 그를 시기하여 그 아버지 아브라함 때에 그 아버지의 종들이 판 모든 우물을 막고 흙으로 메웠더라 아비멜렉이 이삭에게 이르되 네가 우리보다 크게 강성한즉 우리를 떠나라 이삭이 그 곳을 떠나 그랄 골짜기에 장막을 치고 거기 거류하며 그 아버지 아브라함 때에 팠던 우물들을 다시 팠으니 이는 아브라함이 죽은 후에 블레셋 사람이 그 우물들을 메웠음이라 이삭이 그 우물들의 이름을 그의 아버지가 부르던 이름으로 불렀더라 이삭의 종들이 골짜기를 파서 샘 근원을 얻었더니 그랄 목자들이 이삭의 목자와 다투어 이르되 이 물은 우리의 것이라 하매 이삭이 그 다툼으로 말미암아 그 우물 이름을 에섹이라 하였으며 또 다른 우물을 팠더니 그들이 또 다투므로 그 이름을 싯나라 하였으며 이삭이 거기서 옮겨 다른 우물을 팠더니 그들이 다투지 아니하였으므로 그 이름을 르호봇이라 하여 이르되 이제는 여호와께서 우리를 위하여 넓게 하셨으니 이 땅에서 우리가 번성하리로다 하였더라"

인생의 위기 앞에서

이 장의 제목은 "그 땅에서 그 해에 백배나 복을 주셨다"이다. 그 땅, 곧 이삭이 실패한 땅에서, 그 해에, 곧 이삭이 크게 실수한 그 해에, 하나님께서 몽둥이나 책망 대신 복을 주셨다는 내용이다.

인생을 살다 보면 위기와 시험과 갈등과 유혹을 만나게 된다. 우리 자녀들이 우리가 당하는 똑같은 위기를 경험하길 원하는 부모는 아무도 없을 것이다. 그럼에도 불구하고 우리의 자녀들도 우리가 겪었던 똑같은 위기를 만날 수 있다. 그때 당신은 당신의 자녀들이 당신이 인생의 위기를 해결했던 바로 그 방법으로 위기를 헤쳐 나가길 기대하는가? 그렇다면 당신은 참 잘 살고 있는 것이다. 그러나 만일 '우리 자녀들은 나처럼 이렇게 살지 말았으면' 하고 생각한다면 우리는 인생을 잘못 살고 있는 것이다.

어느 날 당신의 자녀가 인생의 위기를 맞았을 때 '내 아버지는 이때 어떻게 해결하시더라', '내 어머니는 무릎 꿇고 그 자리에서 말씀을 붙들고 일어서시더라', '하나님께서 내 부모님에게 주셨던 삶의 자원들을 어떻게 나누고 섬기며 살더라' 하는 것을 추억할 수 있다면, 그것은 당신이 인생을 헛되이 살지 않았다는 증거다.

그런데 불행하게도 이삭은 아버지 아브라함이 경험했던 똑같은 실수와 위기를 아버지처럼 해결하려고 하여 실패한다. 우리 선조들이 경험했던 실패와 실수의 경험들을 본받지 말고, 그들이 성공했던 아름다운 경험들을 우리 삶의 자원과 지혜로 가질 수 있다면 우리는 행복한 삶을 살 수 있다.

미국의 큰 호수에 미국 사람들하고 한국 사람들이 함께 빠졌는데, 영어를 못하는 한국 사람들은 다 살고, 영어를 잘하는 미국 사람들은 몽땅 다 물에 빠져 죽었다. "Help me, Help me" 하는데, 한국 사람들은 "헬푸 미 헬푸 미" 하며 푸 푸 하고 물을 다 토해 내서 살았다. 그런데 미국 사람들은 "헬미 헬미" 하며 물을 다 마셔서 죽었다.

토할 것은 토하고 삼킬 것은 삼켜야 되는데, 선조들의 실패는 받아 삼키고 선조들의 성공은 토하게 된다면 성공하는 삶을 살 수 없다.

나는 비행기를 탈 때마다 신기하다. 어떻게 그 어마어마한 쇳덩어리가 땅에서 솟아오를 수 있는지, 어떻게 그 어마어마한 속력으로 달릴 수 있는지…. 그렇다고 그 비밀을 캐기 위해 매일같이 지붕 위에서 뛰어내리다가 다리 부러지고 그럴 필요는 없다. 선조들이 했던 연구의 결실을 받아들이고 비행기를 타고 즐기면 된다.

신앙생활, 영적인 생활에서 어리석게도 인간은 언제나 신앙 원시인처럼 살아간다. 지붕에서 뛰어내리다가 다리 부러지는 사람처럼 선배들의 실수를 반복한다. 선조들이 실패했던 삶의 전철을 밟아 가며 사는 사람들이 얼마나 많은지 모른다.

이삭이 겪었던 인생의 위기가 무엇인가? 창세기 26장 1절은 "아브라함 때에 첫 흉년이 들었더니 그 땅에 또 흉년이 들매"로 시작하고 있다. 나도 어릴 때 보릿고개를 경험해 본 적이 있다. 쌀은 다 떨어지고, 보리를 심었는데 아직 수확할 수 없어 먹을 것이 없을 때 산으로 들로 헤매며 풀을 뜯어먹던 경험들이 있다.

농사짓는 사람들에게 흉년은 인생의 가장 큰 고난일 수밖에 없다. 팔레스타인은 비가 잘 오지 않는다. 1년에 두 번 정도 이른 비와 늦은 비가 온다. 비가 오지 않거나 비의 양이 적으면 흉년을 만날 수밖에 없다. 그들은 흉년이 들면 애굽을 찾아가곤 했다. 애굽은 5,000km가 넘는 긴 나일강이 있기 때문에 언제나 농사를 지을 수 있었고, 언제든 풀이라도 뜯어먹을 수 있었기 때문이다. 아브라함도 흉년을 만났을 때 애굽으로 내려갔다. 이삭도 애굽을 찾아가기 위하여 여행을 떠났다. 그런데 블레셋 땅 그랄에 왔을 때 하나님께서 나타나셨다. "여호와께서 이삭에게 나타나 이르시되 애굽으로 내려가지 말고 내가 네게 지시하는 땅에 거주하라"(2절)고 말씀하셨다.

신앙생활을 하다 보면 약속의 땅, 순종의 땅에도 위기와 흉년이 찾아온다. 고난이 피해 가는 사람은 아무도 없다. 예수를 믿음에도 불구하고 세상 사람들이 당하는 고난을 똑같이 당한다. 한 가지 다른 점이 있다면, 고난을 통하여 망하지 않고 오히려 더 큰 유익의 단계로 나아간다는 점이다. 고난을 믿음으로 잘 극복하며 살아간다는 점이다. 한 걸음 더 나아가, 본문은 환경이 어떠하든지 그 환경 따라 살지 말고 하나님이 지시하시는 땅에서 일어서라는 것을 말씀하신다. 말씀 붙들고 무릎 꿇고 기도하고, 믿음을 부둥켜안고 씨름하여 승리하고 일어서라고 말씀하신다.

이 땅에 거류하라

현대인들은 아브라함과 이삭처럼 먹을 것이 없어 애굽으로 내려가는 것이 아니라 더 많은 것을 먹고, 더 많은 것을 가지고, 더 많은 것을 탐하기 위해 애굽으로 내려간다. 성경이 우리에게 묻는다. 너는 지금 어디에서 살고 있느냐? 말씀의 땅인 가나안에 살고 있느냐? 아니면 그랄에 발을 붙인 채, 한 발은 신앙의 세계에, 다른 한 발은 세상에 들여다 놓고 살아가느냐? 아예 애굽으로 내려가서 살고 있느냐? 인생 살아가다가 위기를 만나도, 흉년을 만나도 하나님을 믿어라. 하나님이 살아 계심을 믿어라. 하나님이 너를 사랑하고 계심을 믿어라. 하나님은 부하시고 능력이 많으심을 믿어라. 네가 좋아하는 세상보다도, 애굽보다도 더 크신 분이고 부요하신 분임을 믿으라는 것이다.

현대인들은 애굽으로 내려가면서 핑계를 댄다. "하나님, 저 혼자 잘 먹고 잘 살려고 내려가는 게 아닙니다. 돈 많이 벌어서 십일조 많이 하려고 가는 겁니다. 하나님, 조금만 눈 감아 주세요. 돈 벌면 그냥 살지 않습니다. 감사 많이 할 거구요, 멋있게 선교할 겁니다. 하나님, 제가 지금 조금 치사한 방법으로 살긴 하지만, 조금만 기다려 주세요"라고 얘길 한다. 그러나 하나님께서는 "이 땅에 거류하라"고 말씀하신다(3절). 말씀의 땅에, 기도의 땅에, 복음의 땅에 거류하면 복을 주리라 말씀하신다. 그러면서 3~4절에 네 가지 복을 약속하신다.

1. 내가 너와 함께 있겠다.
2. 내가 이 모든 땅을 너와 네 자손에게 주겠다.
3. 네 자손을 하늘의 별과 같이 번성하게 하겠다.
4. 네 자손으로 말미암아 천하 만민이 복을 받게 하겠다.

첫 번째 복이 무엇인가? 말씀의 땅에 거하면, 고난이 있어도 기도하고 약속의 땅에 머물면, 하나님의 살아 계심과 능하심과 사랑 많으심을 믿고 살아가면, 하나님의 품 안에 인생의 뿌리를 박고 살아가면 하나님이 함께해 주시는 복을 약속하고 있다. 창세기 1~25장까지는 '하나님이 함께하는 복'이 나오지 않는다. 여기 처음 '하나님이 함께하는 복'이 나타남으로 말미암아 이 복이 최고의 복임을 가르쳐 주고 있다.

하나님의 사랑을 받은 사람들, 하나님의 약속을 부둥켜안고 살아가는 사람들에게 하나님께서 복을 주실 때 언제나 '여호와 하나님이 아무개와 함께하셨더라'는 말이 반복적으로 등장하는 것을 볼 수 있다. 이삭과 함께하셨던 하나님이 야곱과 함께하셨더라. 여호와 하나님이 요셉과 함께하셨더라. 모세와 함께하셨더라. 여호수아와 함께하셨더라는 말이 반복적으로 등장하고 있다.

두 번째는 아브라함에게 약속한 땅을 너와 네 자손에게 주겠다는 축복이다.

세 번째는 너 혼자 복을 받는 것이 아니라 그 복이 대를 이어 가게 된다는 약속이다. 다시 말해, 자녀들에게 계승되어질 것이라는 약속이다. 네가 기도하는 것이 축복의 씨앗이 될 것이고, 네가 말하는 것이 자녀들에게 복의 씨앗이 될 것이고, 네가 다른 사람들한테 나누는 것이 사라지는 것이 아니라, 축복의 씨앗이 되어서 훗날 자녀들이 씨앗의 열매를 거두어 먹고살게 하겠다는 것이다.

마지막 네 번째는 천하 만민이 너의 자손으로 말미암아 복을 얻게 될 것이라는 축복이다. 여기 네 '자손'은 원문에 보면 단수로 되어 있다. 다시 말해, '예수님'으로 말미암아 모든 인간이 구원받을 것을 우리에게 약속하고 있다. 한 걸음 더 나아가서, 우리가 무엇을 하든지 움직이는 대로 복을 받을 것이라는 축복이다. 어떤 복 한두 개를 받는 것이 아니다. 우리 자신이 복덩어리가 되는 복이다. 내가 복의 근원이 되는 복을 말한다. 내 말로 말미암아 주변 사람들이 용기와 힘을 얻는다. 나로 말미암아 주변 사람들이 행복해진다. 나의 삶의 스타일을 보고 많은 사람들이 영향을 받게 될 것이라는 말이다.

그 이유가 무엇인가? 5절에 "이는"이라고 말하고 있다. 하나님이 아브라함과 맺었던 계약을 아브라함이 성실히 준행했기 때문이다. 우리가 인생의 고난과 위기를 맞이했을 때 약속의 땅에 머물기만 하면, 믿음의 땅에 머물기만 하면, 말씀 부둥켜안고 씨름하다 보면 우리가 아브라함이 되는 복을 받게 된다. 아브라함만 복의 근원이 되는 것이 아니라, 내가 아브라함이 되고, 내가 복의 근원, 곧 복덩어리가 된다.

당신의 대에서 저주와 갈등이 끝나길 축복한다. 원망과 실패가 사라지길 원한다. 가난과 질병과 방황이 끝장나기를 주님의 이름으로 축복한다. 축복의 가문을 만들어 가는 것이다. 그래서 먼 훗날 우리의 자녀들이 인생을 되돌아보면서, "내가 이렇게 복을 받고 살아가는 것은 내 아버지가 축복의 씨앗을 뿌렸기 때문이었다", "내 어머니의 기도의 무릎 때문에 내가 복을 받는다", "내 아버지와 어머니가 충성하고 헌신했기 때문에 내가 이 복을 누리고 사는구나" 하며 당신을 추억하며 감사하게 될 것이다.

"이삭이 그랄에 거주하였더니"(6절). 이삭은 배가 고파서 애굽으로 내려가다가 하나님께서 애굽으로 내려가지 말라고 말씀하셔서 애굽으로 내려가지는 않았다: "내가 네게 지시하는 땅에 거주하라." 그렇다고 가나안 땅으로 돌아가지도 않았다. 주춤거리며 그랄에 머물고 있었다. 기근이 있는 땅으로 돌아갈 용기가 없었던 것이다. 불완전한 순종이었다. 예수 믿고 신앙생활하면서도 믿는 건지 안 믿는 건지 분간하기 어려운, 하나님 말씀의 품 안에서 사는 건지, 성경 말씀대로 사는 건지, 교회 중심에 뿌리박고 사는 건지 분간하기 어려운 회색지대, 그것이 바로 '그랄'이라는 곳이다. 회색지대에서는 역사가 나타나지 않는다. 회색지대에서는 기적이 일어나지 않는다. 하나님과의 깊은 만남이 일어나지 않는다.

회색지대 그랄 땅에는 언제나 유혹과 시험이 있다. 예수 믿는 우리가 하나님을 모르는 사람들과 더불어 이 세상에 산다는 것이 얼마나 힘든 일인지를 하나님이 아신다면, 사업도 빵빵하게 밀어 주시고, 자녀들도 똑똑하고 잘난 자식을 주시고, 계획하고 일을 시작하면 확실하게 성공하게 해 주시면 될 텐데, 왜 하나님은 세상 사람들이 당하는 흉년, 실패를 다 겪게 하시는지 모르겠다. 그러시면서 우리에게 "너는 세상 사람들처럼 살아서는 안 된다"며 요구하신다. 야속하기 짝이 없다. 아브라함, 이삭이 이방인들과 살면서 겪었던 어려움이 바로 이것이다. 이방인들이 하나님을 인정하지 않는다는 점이다.

믿지 않는 가족, 친척, 친구들과 더불어 살아가는 것이 얼마나 힘든 일인가? 그들은 하나님을 인정하지 않는다. 우리가 드리는 예배의 소중함을 알지 못한다. 그러다 보니 동창회, 가족 모임, 결혼식 등을 전부 주일날 한다. 이렇게 중요한 집안 행사가 있는데 한 번쯤 예배 빠지면 어떠냐며, 만약 예배에 빠질 수 없다고 하면 외골수, 광신도로 취급해 버리고 만다.

당시 중동의 풍습은 남의 아내와 남의 딸을 빼앗는 것을 아무렇지 않게 생각했다. 힘센 자가 최고였다. 돈을 빼앗기 위해 사람을 해치듯이, 여인을 빼앗기 위해 사람을 해치기도 한다. 아브라함도 이삭도 아내를 지킬 용기와 힘이 없었다. 이때 본문 말씀이 우리에게 요구한다. 도전한다. 그런 세상 한복판에서 하나님을 인정하지 않는, 너와 다른 가치관을 가지고 살아가는 사람들과 더불어 살면서 하나님을 믿을 수 있느냐? 말씀 붙들고 살 용기를 가지고 있느냐? 신앙의 능력을 신뢰하느냐? 그러면 네 삶 속에 기적이 일어날 것이다. 하나님이 너를 지켜 주실 것이다. 하나님이 너를 보호해 주실 것이다. 하나님은 이스라엘의 하나님일 뿐만 아니라 블레셋의 하나님이요,

애굽의 하나님임을 네가 아느냐? 하나님은 교회 안에서만 하나님이 아니고 세상 한복판에서, 사업 터에서, 직장에서, 마을에서도 여전히 살아 계신 온 세상의 주인임을 네가 믿느냐? 그 믿음 붙들고 살아가다 때로는 손해 볼 수 있고, 때로는 오해받을 수 있음에도 불구하고 그것을 영광으로 알고 살 수 있겠느냐? 예수 믿는 고난을 네가 자랑으로 여기고 살 수 있겠느냐? 성경은 우리에게 도전한다.

이것이 참된 신앙이다. 그런데 이삭은 아버지 아브라함의 약점은 본받으면서도 아버지의 말씀을 온전히 자기 것으로 자기 삶 속에 실천하지 못하고 살아갔다. 좋은 설교를 들으면 좋은 신앙인이 된 것으로 착각한다. 행복한 설교를 들으면 그 신앙의 주인공이 된 것으로 착각한다. 좋은 설교 들었다고 좋은 신앙인이 된 것 아니다. 들었던 말씀마다 거기에 내 삶의 가치를 투입해야 한다. 그 말씀을 내 것으로 받아들여야 한다. 인생의 위기와 시험에 부딪혔을 때 그 말씀을 붙들고 헤쳐 나가야 한다. 말씀대로, 하나님의 방법대로 승리하는 법을 배우고 체험할 때 그 말씀의 주인공이 되고, 그 말씀이 나의 말씀이 된다.

그럼에도 불구하고

못난 이삭. 그러나 그 못난 이삭을 하나님이 지키고 보호하신다. 실수하는 인간을 치료하시는 하나님. 본문에서도 약점투성이, 실수투성이인 이삭, 그 실수 많은 자식을 치료하시는 하나님이 등장하고 있다.

하나님은 'because of'의 하나님이 아니라 'in spite of'의 하나님이시다. 무엇 때문에만 나를 축복하시고 나를 사랑하시는 분이 아니다. 내가 충성하지 못했음에도 불구하고, 약점이 많음에도 불구하고, 허물이 많음에도 불구하고, 여전히 실수가 많음에도 불구하고 하나님은 나를 보호하시고 치료하시며, 나를 자녀로 인정해 주신다. 하나님의 품 안에서 살도록 도와주시는 것이다.

내 친구는 밥을 먹은 후에 약을 한 주먹씩 먹는다. 무슨 약을 그렇게 많이 먹느냐고 물었더니 "약(藥)할 때 강함 주신다"며 조크를 한다. 하나님은 우리가 약할 때 강함을 주시는 분이시다. 우리가 약함에도 불구하고 하나님은 우리를 사랑하신다. 약하다고 해서 우리를 폐기처분하지 않으신다. 하나님은 우리를 지키고 보호하시는 하나님이시다.

이삭을 보자. 흉년을 만나 약속의 땅을 떠난다. 애굽으로 내려가지 말라는 하나님의 말씀을 듣고 엉거주춤 그랄 땅에 머문다. 그랄 사람들은 하나님을 인정하지 않는다. 그들이 두려웠다. 그래서 아내를 누이라 거짓말한다. 이 일로 임금의 큰 책망을 받게 되고, 하나님의 자녀가 온갖 창피를 다 당한다. 하나님 얼굴에 먹칠을 했다. 자신의 자존심도 무너져 버렸다. 그 다음에 하나님 말씀이 어떻게 이어져야 논리적으로 옳을까? 하나님께서 큰 몽둥이를 들고 이삭에게 나타나셔서 '네 이놈, 네 죄를 알렸다' 이렇게 이어져야 하지 않을까? 그런데 하나님이 어떻게 이삭을 대하시는가? 그 땅에서 백배나 복을 주셨다. 실수투성이 허물 많은 이삭, 약점투성이 이삭에게 백배나 복을 주셨다. 주경가들의 설명에 의하면, 백배의 복이라는 것은 당대엔 파격적인 수확이었다고 한다. 기적 같은 수확을 맛보았다는 뜻이다. 그 해에, 실수하고 실패했던 그 해에 하나님이 백배나 복을 주셨다. 몽둥이 백 대 대신 백배의 복을 주셨다. 하나님은 공평하신 하나님이실 뿐만 아니라 편애하는 하나님으로 나타나고 있다.

하나님의 이름을 걸고 사업하던 김 집사가 있었다.

'여호와 이레', '에벤에셀', '임마누엘' 이런 이름으로 사업을 하는 집사님이었는데 부도가 났다. "주일을 지킬 수도 없는 도시로 가서 주일을 지킬 수도 없는 사업을 해야겠습니다." 하나님이 책망하신다. "네 이놈, 그래도 네가 집사인데, 예배를 드려야지! 주일을 지켜야지!" 겨우 주일 지키고, 겨우 가정 예배드리면서 사업을 시작했다. 그 해에 하나님께서 백배의 복을 주셨다. 하루아침에 거부가 되었다. 공장이 몇 개씩 늘어난다. 종업원들이 심히 많아졌다. 본문 12~13절의 내용이다: "이삭이(김 집사가) 그 땅에서 농사하여 그 해에 백배나 얻었고, 여호와께서 복을 주시므로 김 집사가 창대하고 왕성하여 마침내 거부가 되어 사무실과 공장이 떼를 이루고 종업원이 심히 많으므로." 잘 먹고 잘 사는 것이 당신이 잘 살아서만 되는 것은 아니다. 성공한 것이 당신이 똑똑해서 된 것만은 아니다. 세상 사람들한테 칭찬을 들어 가며 살아가는 것이 당신의 지혜가 많아서 그런 것만도 아니다. 하나님의 은혜인 것을 알아야 한다. 내가 실수했음에도 불구하고, 못난 모습에도 불구하고 하나님이 나를 사랑해 주신 것이다.

여호와께서 복을 주셔서, 농사를 지으면 백배의 수확이 있기를 바란다. 기업마다 백배의 복이 넘치기를 바란다. 우리의 약점과 허물과 실수가 많음에도 불구하고 당신의 믿음이 백배나 성장되길 축복한다.

본문 12~13절의 가장 중요한 단어는 "마침내"라는 단어다. "허물과 약점에도 불구하고 하나님이 복을 주시고 또 부어 주셨더니 마침내…" 이런 얘기다. 고난이 찾아오고 위기가 찾아온다. 인생의 질곡을 당하고 태산준령을 넘는다. 많은 위기와 고난과 시험을 다 극복하고 난 다음에 "마침내"라는 뜻이다.

인생 결산

운동 경기에서 중간 결산을 하지 말라는 말이 있다. 시합이 끝나 봐야 안다는 것이다. 신앙생활하다 중간 결산을 하지 말라는 말이 있다. 인생이 끝나 봐야 안다는 것이다. 지금 인생의 큰 위기에 부딪힌 사람이 있는가? 인생의 막다른 골목에서 갈 길이 보이지 않는 사람이 있는가? 누구에게도 의논할 수 없는 갈등과 고민과 어려움에 빠진 사람이 있는가? 당신은 반드시 승리할 것이다. 마침내 일어설 것이다. 마침내 성숙할 것이다. 향기로운 주님의 제자로 승리하게 될 것을 믿는다.

이삭은 마침내 큰 부자가 되었다. 그 복을 가지고 사람들을 섬기고 사람들과 나누면서 아무 고난과 어려움 없이 잘 먹고 잘 살다가 장수하여 하나님 앞에 섰다. 인생이 이렇게 끝나면 얼마나 좋겠는가? 그러나 이런 인생은 없다. 또 다시 위기가 찾아온다. 김 집사가 성공한다 그랬더니 시화공단의 모든 사람들이 몰려와서 이 인간이 우리 고객 다 끌어갔다고, 굴러 들어온 돌이 박힌 돌을 뽑아 간다고 소리를 지른다. 공장에 불을 지르고 사무실 집기를 집어던지고, 도망가면 또 따라와서 난리굿이다.

이삭이 농사를 지었다. 자기 우물들은 바싹바싹 마르는데 이삭의 우물에는 물이 펑펑 쏟아지니까 이 우물이 우리 물 샘을 다 뽑아 갔다며 우물을 메워 버린다. 그곳을 피해 다른 곳에 가서 우물을 팠더니, 또 이삭의 우물은 물이 펑펑 쏟아지는데 자기네 우물은 물이 나지 않는다. 동네 청년들이 몽둥이를 들고 찾아와서 여기는 우리 땅이라고, 너희 땅이 아니니 가라 하여 또 도망간다. 도망가서 또 판다. 멀리 멀리 도망가서 팠더니 점점 더 큰 우물이 나온다. 자기는 양보하고 가는 줄 알았다. 피해서 도망가는 줄 알았다. 그러나 하나님은 이삭을 몰아 몰아 약속의 땅 가나안으로 인도하고 계셨다.

본문 말씀이 이삭을 두고 하고 싶은 얘기가 있다. 이삭이 손해 보았다. 양보했다. 피해 주었다. 그럼에도 불구하고 이삭이 불평하거나 비난하거나 원망했다는 흔적이 없다. 블레셋을 욕했던 흔적이 전혀 나타나고 있지 않다. 예수 믿고 살기 때문에 손해를 봐야 한다.

인간의 간사함과 잔꾀로 승리하고 성공하는 사람이 되려 하지 말고, 여호와 하나님이 함께하심으로 승리하고 성공하는 당신이 되길 바란다. 이삭이 손만 대면 우물이 터졌다. 당신이 손만 대면 생수가 쏟아지길 축복한다. 이삭이 밟는 모든 땅이 옥토로 변화되었다. 당신이 가는 곳이 옥토로 변화되어질 줄 믿는다.

그렇기 때문에 이삭은 전혀 초조하지 않았다. 얼마나 여유가 있는지 모른다. 화딱지 나는 일이다. 그럼에도 불구하고 이삭은 분노를 잘 다스렸다. 분노에 지배당하지 않았다. 갈등과 좌절을 극복하고 살았다.

본문 22절의 결론이다: "이삭이 거기서 옮겨 다른 우물을 팠더니 그들이 다투지 아니하였으므로 그 이름을 르호봇이라 하여 이르되 이제는 여호와께서 우리를 위하여 넓게 하셨으니 이 땅에서 우리가 번성하리로다." 복 받는 땅이 어떤 땅인가? 내가 가는 곳이 이 땅이 되는 것이다. 내가 가는 곳이 복 받는 땅이 되는 것이다. 본문의 역사가 흘러 흘러서 마지막 결론은 26~29절에 나온다.

"아비멜렉이 그 친구 아훗삿과 군대 장관 비골과 더불어 그랄에서부터 이삭에게로 온지라 이삭이 그들에게 이르되 너희가 나를 미워하여 나에게 너희를 떠나게 하였거늘 어찌하여 내게 왔느냐 그들이 이르되 여호와께서 너와 함께 계심을 우리가 분명히 보았으므로"

아비멜렉의 고백이다: "여호와 하나님께서 너와 함께 계심을 보았다. 하나님이 너를 지키고 보호하시는데 네가 하나님으로부터 받은 복을 누가 빼앗을 수 있으며, 누가 찢을 수 있으며, 누가 짓밟을 수 있겠느냐? 내가 너한

테 항복하고 가니 너와 내가 조약을 맺자." "여호와께서 너와 함께 계심을 우리가 분명히 보았으므로."

자기가 자기를 자랑하는 것이 아니다. 원수들이, 이방인들이, 하나님을 알지 못하는 사람들이 말한다: "이제 너는 여호와께 복을 받은 자니라"(29절). 이 정도는 돼야 믿음의 사람이다. 이 정도는 돼야 축복의 사람이다. 그 땅에서 그 해에 백배나 얻는 복을 받는 하나님의 사람이 되자. 하나님이 당신과 함께하실 것이다.

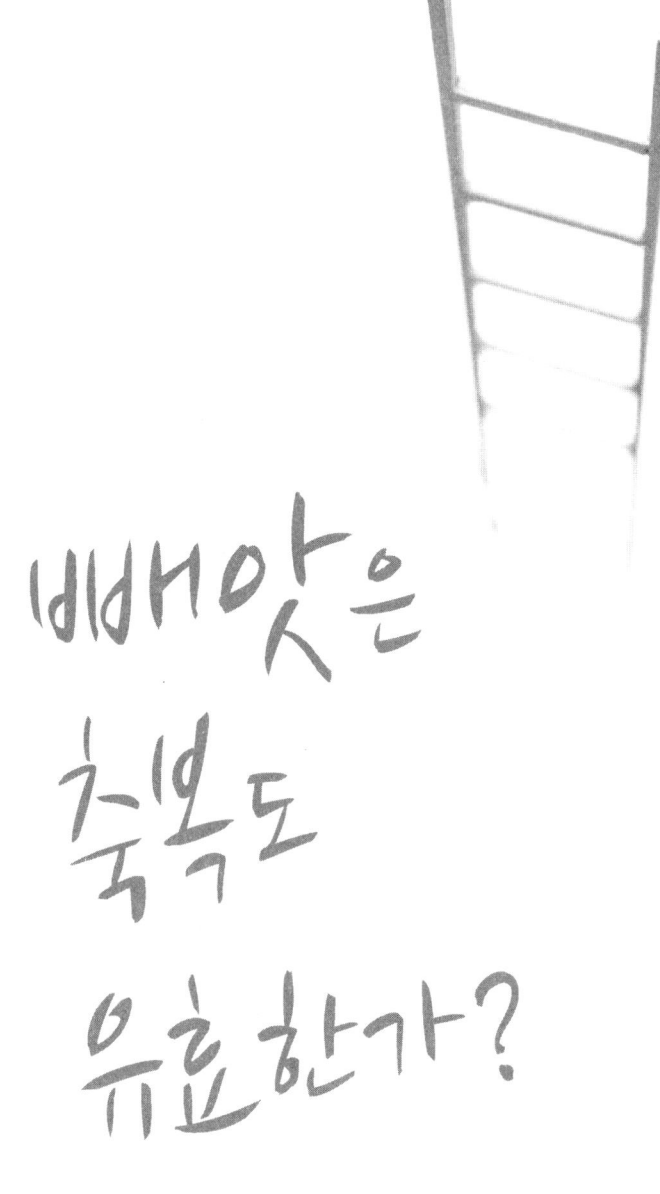

빼앗은 축복도 유효한가?

3강

브엘세바로 올라가자

(창 26:23~33)

"이삭이 거기서부터 브엘세바로 올라갔더니 그 밤에 여호와께서 그에게 나타나 이르시되 나는 네 아버지 아브라함의 하나님이니 두려워하지 말라 내 종 아브라함을 위하여 내가 너와 함께 있어 네게 복을 주어 네 자손이 번성하게 하리라 하신지라 이삭이 그 곳에 제단을 쌓고, 여호와의 이름을 부르며 거기 장막을 쳤더니 이삭의 종들이 거기서도 우물을 팠더라 아비멜렉이 그 친구 아훗삿과 군대 장관 비골과 더불어 그랄에서부터 이삭에게로 온지라 이삭이 그들에게 이르되 너희가 나를 미워하여 나에게 너희를 떠나게 하였거늘 어찌하여 내게 왔느냐 그들이 이르되 여호와께서 너와 함께 계심을 우리가 분명히 보았으므로 우리의 사이 곧 우리와 너 사이에 맹세하여 너와 계약을 맺으리라 말하였노라 너는 우리를 해하지 말라 이는 우리가 너를 범하지 아니하고 선한 일만 네게 행하여 네가 평안히 가게 하였음이니라 이제 너는 여호와께 복을 받은 자니라 이삭이 그들을 위하여 잔치를 베풀매 그들이 먹고 마시고 아침에 일찍이 일어나 서로 맹세한 후에 이삭이 그들을 보내매 그들이 평안히 갔더라 그 날에 이삭의 종들이 자기들이 판 우물에 대하여 이삭에게 와서 알리어 이르되 우리가 물을 얻었나이다 하매 그가 그 이름을 세바라 한지라 그러므로 그 성읍 이름이 오늘까지 브엘세바더라"

브엘세바

앞 장에서 창세기 26장 전반부를 통해 '여호와께서 이삭이 실수했던 그 해에, 실패했던 그 땅에서 백배의 복을 주셨다'는 말씀을 보았다. 하나님께서 복을 주시고 구원을 주시는 일은 우리에게 공로가 있고 자격이 있고 조건이 있어서가 아니라 은혜의 사건이다.

가나안 땅에 흉년이 들었다. 약속의 땅에도 흉년은 든다. 예수 믿어도 고난은 있을 수 있고, 하나님의 백성들에게도 기근은 찾아온다. 그때 아브라함도 이삭도 애굽을 찾아간다. 아브라함의 경우와는 달리 이삭이 블레셋 땅의 수도인 그랄에 도착할 무렵 하나님께서 이삭에게 나타나셨다. 애굽으로 가지 말고 네게 지시하는 땅으로 돌아가라고 말씀하신다.

이때 이삭은 애굽으로 내려가지 않았다. 그렇다고 가나안으로 돌아갈 용기도 없었다. 그랄 땅에 엉거주춤 머물고 있다가 사랑하는 아내를 누이라고 거짓말하고 큰 봉변을 당하는 사건이 일어난다. 이때 하나님께서 몽둥이를 들고 찾아오셔서 "이놈, 네 죄를 알렸다. 몽둥이 백 대" 이래도 모자랄 텐데, 하나님께서 그 해에 그 땅에서 백배의 복을 주시는 것이다.

그 다음에 이어지는 사건이 복 받아 잘 살았다, 아무런 고난도 없이 평안히 잘 살았다, 이렇게 되길 기대하지만, 인생은 그렇게 녹록하지 않았다. 또 갈등이 찾아오고 고난이 찾아왔다. 이삭이 우물을 파면 물이 펑펑 쏟아졌다. 그런데 블레셋 사람들의 우물은 바싹바싹 말라 갔다. 이 일로 블레셋 사람과 이삭 사이에 갈등이 일어났다. 그때마다 이삭은 우물을 양보하고 도망간다. 또 양보했다.

이제 이 장에서 본문 23절의 문이 열린다.

"이삭이 거기서부터 브엘세바로 올라갔더니"

이 우물 사건을 통하여 우리에게 하시고자 하는 말씀이 있다. 26장 전반부에서 이삭에게 나타나신 하나님이 "내가 너와 함께한다" 말씀하셨다. 하나님은 아브라함에게 여러 가지 모습으로 나타나셨지만 임마누엘, 곧 함께하시는 하나님의 모습으로는 여기서 처음 등장하신다. 그 함께하시는 구체적 사건이 바로 우물 사건이다. 이삭이 늘 당하는 것 같은데 실제는 승리하는 것이다. 양보했는데 그때마다 더 큰 우물을 만난다. 하나님이 우리와 함께하시면 이런 능력이 나타난다.

이삭은 자기를 해치고 공격하고 빼앗아 가는 사람들과 싸우지 않았다. 이삭이라고 왜 불만이 없었겠는가? 불평하고 싶은 마음이 왜 없었겠는가? 인간은 상대에 대해 항상 불만이 있게 마련이다. 그러나 하나님이 함께하시는 이삭은 불평하지 않았다. 비난하지 않았다. 신앙, 인격이 성숙되는 계기로 삼았다. 이것이 궁극적인 승리다.

이삭은 양보하고 갔는데, 도망가는 줄 알았는데, 이삭이 도망가는 그 지점을 추적해 보면 놀라운 사실을 발견할 수 있다. 점점 그 발걸음이 가나안 땅, 약속의 땅, 하나님 곁으로 다가가고 있었다. 그러다 브엘세바까지 올라갔다.

브엘세바는 창세기 22장 19절에 나오는 장소다. 창세기 22장은 아브라함과 이삭이 위대한 경험을 하는 장소다. 이삭을 번제로 드리고 부활의 능력을 경험한다. 이삭 대신 하나님이 보내 주신 양을 잡아 번제를 드리고 내려와 거한 장소가 바로 브엘세바다. 위대한 예배가 있었던 곳, 하나님을 만났던 곳, 하나님과 동행했던 바로 그 땅, 약속의 땅으로 돌아갔다는 것이다. 이것이 바로 승리요, 신앙의 자세요, 복이다.

가나안 땅에 흉년이 들어 먹을 것이 없었던 이삭. 애굽 나일강변으로 가서 양식을 구하고자 한다. 그러나 하나님께서 애굽으로 가는 이삭에게 나타나 애굽으로 가지 말라 명하셔서 블레셋 땅 그랄에 엉거주춤 머물게 된다. 그랄 지방 사람들과 갈등을 느끼게 된다. 이때 이삭은 어떤 길을 선택했는가? 이는 우리 신앙인들이 날마다 겪을 수 있는 갈등 상황이다.

신앙적인 방법으로 살자니 손해가 너무 크다. 그렇다고 완전히 세상적인 방법으로 살자니 신앙의 양심이 허락하지 않는다. 회색지대에서 엉거주춤하자니 자존심이 상하고 제대로 되는 일도 없다. 세상적인 주판알을 굴려보면 애굽으로 내려가는 것이 합리적, 이성적이다. 처세술에 능한 사람들은 그랄 왕 아비멜렉을 찾아가 타협해

본다. 흉년이 끝날 때까지라도 머물게 해 달라고 애원해 본다.

'에라 모르겠다. 죽어도 가나안 땅에 가서 죽자. 마음 편한 게 최고다.' 가나안으로 돌아가는 방법이 있을 수 있다. 그러나 거기에 가면 흉년이 기다리고 있다. 현실적으로 무능한 사람으로 취급받고 말았을 것이다.

이런 갈등과 위기 상황 속에서 이삭은 어떤 길을 선택했는가? 그는 합리적인 방법을 따라 애굽으로 내려가지 않았다. 비굴하게 아비멜렉에게 애원하지도 않았다. 이삭은 그랄 땅에서 하나님이 함께하실 것이란 약속을 붙잡는다. 하나님의 은혜로 그 해에 백배의 수확을 경험한다. 나는 손해 보고 양보했는데 가는 곳마다 우물 샘이 터진다.

이삭은 이제 확신을 가지게 되었다. 하나님이 나와 함께하시는구나, 하나님은 나를 지키고 보호하시는구나, 하나님께로 돌아가자, 말씀대로 살아 보자, 세상에 다른 모든 것 손해 볼 수 있지만, 하나님을 만나는 일, 예배드리는 일만큼은 손해 보고 살지 말자. 제삼의 길을 찾아가는 것이다. 자포자기하고 가는 것이 아니라 확신을 가지고 찾아간다. 말씀을 붙들고 찾아간다. 이게 믿음이다.

축복은 무엇이고 승리는 무엇인가? 하나님께로 돌아가는 것이다. 말씀을 붙들고 살아가는 것이다. 기도의 줄을 붙잡는 것이다. 예배를 통해 나와 함께하시는 하나님을 경험하는 것이 신앙이요, 능력이요, 축복이다.

그 밤에 주신 약속

이삭이 약속의 말씀을 붙들고 하나님께 돌아온 그 밤에 어떤 일이 일어났을까?

> "그 밤에 여호와께서 그에게 나타나 이르시되 나는 네 아버지 아브라함의 하나님이니 두려워하지 말라 내 종 아브라함을 위하여 내가 너와 함께 있어 네게 복을 주어 네 자손이 번성하게 하리라 하신지라 이삭이 그 곳에 제단을 쌓고, 여호와의 이름을 부르며 거기 장막을 쳤더니 이삭의 종들이 거기서도 우물을 팠더라"(창 26:24~25).

이삭이 하나님께로 돌아오자 하나님께서는 기다리셨다는 듯이 그를 반겨 맞아 주시며 소중한 약속의 말씀을 주신다. 어찌 해야 좋을지 몰라 당황스러울 때 교회로 돌아가라, 기도의 줄을 다시 붙들어라, 하나님께로 나아가라는 것이다. 그때 주신 첫 번째 말씀이 두려워하지 말라는 것이다. 굶어 죽지 않는다, 내가 너와 함께하면 결코 망하지 않는다는 것이다. 하나님께로 온전히 돌아오라고 말씀하신다.

인생 살다가 두려운 경우가 없었는가? 대학 시절 홀어머니께만 등록금을 의지할 수 없어, 여름이 되면 밀짚모자를 쓰고 리어카 한 대를 구해 수박 장사를 했다. 팔리기는 하는데 남는 게 없었다. '이러다 졸업이나 할 수 있나' 싶은 두려움이 있었다. 교회를 개척하고 지금까지 매 순간순간 색다른 두려움이 있었다. 마두동 예배당 건축이 끝나자 IMF가 터졌다. 교인들이 눈물로 헌금하고 교회를 세웠는데 '잘못되는 거 아닌가?' 하는 두려움이 엄습해 왔다. 그러나 그때마다 하나님은 흉년보다 크셨다. 내 위기보다 크셨다. 문제보다 크셨다. 하나님이 안 보이면 두려움이 찾아온다. 그러나 하나님이 보이면 그때마다 강

3강 | 브엘세바로 올라가자

하라, 담대하라, 두려워하지 말라, 내가 너와 함께 하느니라, 내가 너를 지키니 두려워하지 말라고 말씀하신다.

하나님께로 돌아온 이삭에게 주신 두 번째 말씀은 지금까지 아버지 아브라함을 통해 말씀하시고 역사하시던 그 하나님이 이제 이삭을 통해 일하시겠다는 것이다. 지금까지는 하나님이 추상적으로 느껴졌다. 아버지 아브라함을 통해서만 역사하시는 분이고, 성경책에 있는 분이고, 목사님의 설교 속에 나오는 하나님으로 생각했다. 그런데 그 하나님이 내 하나님이 되시는 것이다.

퇴근한 남편이 배가 고파 부엌으로 갔다. 식탁 위에 아내가 쓴 메모 한 장이 있었다: "여보, 나 목욕탕에 있어요. 당신 저녁 식사 준비해 드릴게요. 요리책 20쪽에 나오는 대로 해서 잡수세요. 당신의 사랑하는 아내." 요리책에 있는 것은 음식이 아니다. 성경책에 있다고 해서 그게 내 것인가? 좋은 설교 들었다고 내가 좋은 신앙인이 되는가? 내가 만난 하나님이 있어야 한다. 내가 경험한 하나님이 있어야 된다.

이삭은 아버지 아브라함이 너무 위대하게 보였다. 너무 크게 보였다. 아버지만 생각하면 절망감이 찾아온다.

못내 자신감이 없었다. 좌절감이 느껴진다. 그러나 하나님의 말씀인 즉, 아버지가 위대했던 것은 그 존재 자체가 위대한 것이 아니라 위대한 나, 곧 하나님 여호와가 그와 함께했기 때문이라는 것이다. 너는 약하지만, 위대한 내가 너와 함께하면 너도 위대한 신앙인이 될 수 있다고 말씀하신다.

내 부모의 신앙이 너무 커 보여 좌절감을 느낄 때가 있다. 부교역자 시절에는 담임목사가 너무 크게 보인다: '나도 나중에 저렇게 목회를 할 수 있을까?' 그러나 자녀들이여, 하나님이 여러분과 함께하시면 여러분의 부모보다 더 위대한 신앙인이 될 수 있다. 그리고 우리 교역자들 가운데 나보다 훨씬 위대한 목사가 많이 나올 것이다.

세 번째로 이삭에게 주신 하나님의 약속의 말씀이 무엇인가? 너에게 준 복이 자손들에게 대를 이어 흘러갈 것이라는 말씀이다. 한국 교회 선진들이 우리에게 물려 준 유산이 크고 위대하지만, 그 믿음의 능력이 더욱 커지고 커져서 우리 후손들에게 이어질 것이다. 당신이 받은 아브라함의 복이 당신의 자녀들에게 이어질 것을 성경은 약속한다. 하나님께로 돌아가기만 하면. 브엘세바로 올라가기만 하면.

이삭이 하나님께로 돌아가자 하나님께서 두 팔 벌려 이삭을 반겨 맞아 주시고 약속의 말씀으로 이삭을 격려해 주셨다. 바로 그 순간, 이삭에게 한 가지 놀라운 변화가 일어난다.

> "이삭이 그 곳에 제단을 쌓고, 여호와의 이름을 부르며"(25절).

예배가 회복되었다. 하나님의 이름을 부르기 시작했다. 기도가 살아난 것이다. 하나님 안으로 돌아간 영광이 바로 이것이다.

오래전 얘기다. 서울에도 제대로 한번 못 가 본 시골 교회 목사님이 생전 처음 미국 여행을 다녀왔다. 한 달쯤 구경을 하고 돌아와서는 그때부터 설교 시간마다 "내가 미국에 있을 때", "내가 미국에 있을 때" 하며 계속 미국 얘기만 한다. 특별히 강사로 가면 3박 4일을 미국 얘기만 하신다. 노회 어떤 행사에서 이분에게 설교를 부탁하려다 또 미국 얘기만 할까 봐 설교 대신 축도를 부탁했다. 설교가 다 끝나자 축도를 하러 올라오시더니, "지금은 내가 미국에 있을 때 함께하셨던 우리 주 예수 그리스도의 은혜와, 미국에 있을 때 함께하셨던 우리 아버지 하나님의 사랑과…" 하신다. 폭소가 터졌다.

미국에 한 번 간 것이 이토록 큰 자랑인데, 우리 하나님 안에 얼마나 놀랍고 풍성한 것이 있을까?

너는 복을 받은 자니라

이삭은 아버지 아브라함에 비해 작아 보인다. 심지어 초라해 보이기까지 한다. 아들 야곱 같은 꾀도 없다. 에서 같은 용기도 없어 보인다. 그런데 하나님께서는 이처럼 무력하고 소심한 이삭과 함께하셨다. 아니, 이삭이 약하기 때문에 하나님께서 더욱 적극적으로 지켜 주시고 보호하시고 복을 주셨다.

교회뿐 아니라 세상에서도 똑부형(똑똑하고 강하고 부지

런한 형)인 사람들이 있다. 피곤한 유형이라고 한다. 하나님이 도와줄 필요도 없을 만큼 자칭 똑똑이나 강한 사람은 신학적으로 좀 곤란하다. 하나님이 도와주실 길이 없다. 때론 알고도 속아 주고, 손해 볼 줄도 알고 양보할 줄도 알 때 하나님이 함께하신다. 주변 사람들도 이런 사람을 도와주고 싶어 한다.

잘난 것도 없는데 하나님이 함께하시고 복을 받는 이삭을 보고 이방 왕 아비멜렉이 이삭을 두려워한다. 감동을 받는다. 그래서 왕의 친구들과 참모들을 대동하고 이삭을 찾아온다. 아비멜렉이 영웅인 이유가 있다. 영웅이 영웅을 알아본다. 하나님이 함께하시는 사람을 알아보는 순간 아브라함과 이삭이 받았던 복을 이방인인 아비멜렉이 받아 누리게 된다.

"아비멜렉이 … 이삭에게로 온지라"(26절).

우리말 성경에서는 이 말이 대단히 평범한 문장으로 되어 있다. 그러나 히브리 원문에서는 굉장히 파격적인 문장으로 기록되어 있다. 히브리어에서는 일반적으로 동사가 문장 머리에 나온다. 그런데 본문에서는 아비멜렉이란 이방 왕의 이름이 제일 앞에 등장한다. 이 파격적인 한 문장을 통해서 아비멜렉이란 왕이 일개 촌놈 이삭을 찾아온 사건이 대단히 파격적인 일임을 표현하고 있다. 이런 파격적인 사건을 통하여, 파격적인 결단을 통하여 아비멜렉이 받을 수 없는 파격적인 복을 받게 될 것이라는 것이다.

또 다른 특이한 단어가 등장한다. 이방인들이 신(神)을 부를 때 "엘로힘"(하나님, 신)이란 단어를 쓴다. 여호와란 이름은 이스라엘의 고유한 신의 이름이 아니다. 고유명사다. 그런데 아비멜렉이 이삭에게 "여호와께서 너와 함께 계심을 우리가 분명히 보았으므로 … 너는 여호와께 복을 받은 자니라"라고 말하고 있다. 이스라엘 언약의 신인 여호와란 이름을 이방인 왕이 부르고 있다.

이런 문장, 이런 단어를 등장시켜 창세기 저자가 우리에게 하고 싶은 얘기가 있다. 이삭이 여호와 하나님께 받을 수 없는 특이한 복을 받더니, 그가 하나님의 사람임을 알아본 아비멜렉도 특이한 복을, 누릴 수 없는 복을 받았고, 갈 수 없는 자리에 가게 되었다는 것이다.

"그들이 이르되 여호와께서 너와 함께 계심을 우리가 분명히 보았으므로"(28절).

"너는 여호와께 복을 받은 자니라"(29절).

이방인의 입을 통해 고백된 이 말씀. 얼마나 귀한 말씀인가? 율법을 모르는 이방인이 여호와 하나님의 이름을 높이는 이 놀라운 사건. 얼마나 놀라운 일인가?

주님의 뜻을 이루소서 온전히 나를 주장하사
주님과 함께 동거함을 만민이 알게 하옵소서

(새찬송가 425장)

우리가 주님과 함께 동거함을 만민이 알게 하옵소서. 나는 하나님의 사랑받는 백성임을, 하나님이 나와 함께하시는 사람임을, 주님과 함께 동거하는 하나님의 자녀임을, 만민이 알게 하옵소서.

하나님께서 이삭과 함께하시고 그를 지키고 복 주시는 모습을 이방인들이 지켜보고 있었다는 것이다. 이삭한 명만 보면 초라하기 짝이 없는 인간인데 하나님이 저 사람을 지키시는구나, 저 사람을 해치는 자를 가만두지 않으시는구나, 저 사람을 축복하는 자를 하나님이 복 주시는구나 하는 것을 깨닫게 된 것이다.

당신이 하나님의 사람임을 이방인들이 지켜보게 하는 것. 나는 가진 것 없으나, 나는 약한 존재이나 전능하신 하나님이 나와 함께하시는구나 하는 것을 이방인이 보게 하는 것. 함부로 대할 수 없는 사람이구나 하며 경외감을 가지고 당신을 대하게 하는 것. 이게 신앙인이요, 하나님의 자녀 된 권세다.

브엘세바로 올라가자

이삭은 자신을 찾아와 동맹 계약을 맺자고 요청한 아비멜렉 일행을 위해 잔치를 베풀어 주고 평안히 보내 준다. 그 후 다시 우물을 팠더니 메말랐던 우물에서 물이 쏟아졌다. 그 우물과 그 성읍 이름을 세바, 곧 다시 브엘세바로 불렀더라는 말씀으로 본문은 막을 내리고 있다.

중요한 교훈이 있다. 이삭은 우물이 있는 곳으로 이사

를 다닌 것이 아니다. 이삭이 이사를 가는 곳마다 하나님이 우물을 주셨다. 이것이 복이요, 이것이 믿음이다. 하나님의 자녀 된 권세다. 운이 좋아서 우물을 만난 것이 아니라, 하나님께서 메마른 땅에 물줄기를 주신 것이다. 복의 근원이 가는 곳마다 사막에 강이 흐른다. 꽃이 핀다. 샘이 터진다.

본문은 브엘세바로 시작하여 브엘세바로 끝난다. "브엘세바로 올라갔더니"(23절)에서 시작해서 "그 성읍 이름이 오늘까지 브엘세바더라"(33절)는 말씀으로 끝난다. 하나님의 약속, 하나님의 말씀, 하나님과의 만남이 있는 장소로 돌아가라는 것이다.

본문의 특이한 포인트가 또 하나 있다. 본문은 이삭이 브엘세바로 올라갔다고 표현한다. 브엘세바는 사실 이삭이 머물던 블레셋 그랄 땅 '르호봇' 보다 150m나 낮은 지대에 있는 성읍이다. 그럼에도 불구하고 왜 올라갔다고 표현하는 것일까?

브엘세바는 임재가 있는 곳이다. 하나님과 언약을 맺은 장소, 하나님이 아브라함과 이삭을 만나 주셨던 거룩한 장소이기 때문이다. 이때부터 이스라엘 백성은 성전이 있는 예루살렘을 중심으로 언어가 표현되어진다.

예루살렘과 가까워지는 것은 올라가는 것이다. 예루살렘에서 멀어지는 것은 내려가는 것이다. 교회와 가까워지는 것은 올라가는 삶이다. 교회와 마음이 멀어지고 몸이 멀어지는 것은 내려가는 삶이다. 신앙생활과 멀어지면서 장관이 되고, 총장이 되고, 대통령이 되어도, 당신의 삶은 지금 내려가는 것이다.

말씀과 가까워지면 올라가는 것이다. 말씀과 멀어지면 내려가는 것이다. 기도의 자리에 가까워지면 올라가는 것이다. 기도의 자리에서 멀어지면 내려가는 것이다. 예수에게로 가까워지면 올라가는 것이다. 예수로부터 멀어지면 내려가는 것이다. 아브라함, 영적 아버지, 영적 리더 및 주의 종들과 가까워지면 올라가는 것이다. 누가 뭐라고 해도 리더들과 갈등이 생기고 멀어지면 신앙은 내려가는 것이다.

본문의 결론이 여기에 있다. 브엘세바로 올라가자. 올라가면 산다. 브엘세바로 올라가자. 죽지 않는다. 브엘세바로 올라가면 하나님이 두 팔 벌려 나를 반겨 맞아 주실 것이다. 모든 것이 새로워지게 될 것이다. 거기에 역사가 있고, 그곳에서 기적이 일어나게 될 것이다. 그 해에 그 땅에서 이삭에게 백배나 복을 주시고 브엘세바로 이동시키셨던 것처럼, 주님께서 당신을 브엘세바로 초대하고 계신다.

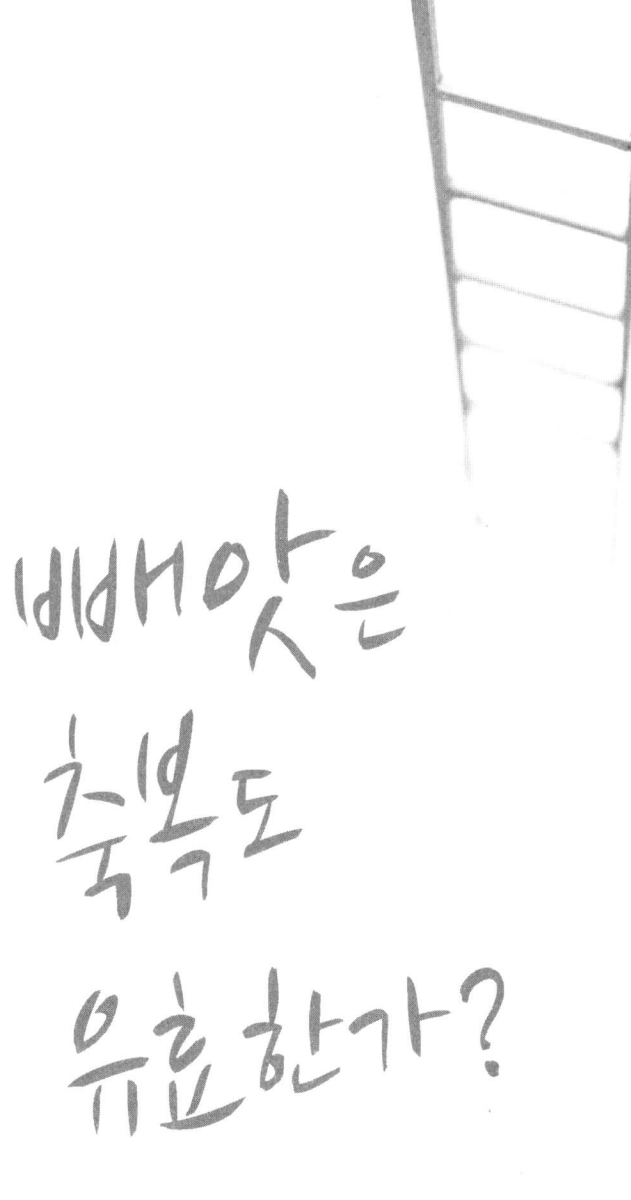

빼앗은 축복도 유효한가?

4강

축복 받기 작전

(창 27:1~23)

"이삭이 나이가 많아 눈이 어두워 잘 보지 못하더니 맏아들 에서를 불러 이르되 내 아들아 하매 그가 이르되 내가 여기 있나이다 하니 이삭이 이르되 내가 이제 늙어 어느 날 죽을는지 알지 못하니 그런즉 네 기구 곧 화살통과 활을 가지고 들에 가서 나를 위하여 사냥하여 내가 즐기는 별미를 만들어 내게로 가져와서 먹게 하여 내가 죽기 전에 내 마음껏 네게 축복하게 하라 이삭이 그의 아들 에서에게 말할 때에 리브가가 들었더니 에서가 사냥하여 오려고 들로 나가매 리브가가 그의 아들 야곱에게 말하여 이르되 네 아버지가 네 형 에서에게 말씀하시는 것을 내가 들으니 이르시기를 나를 위하여 사냥하여 가져다가 별미를 만들어 내가 먹게 하여 죽기 전에 여호와 앞에서 네게 축복하게 하라 하셨으니 그런즉 내 아들아 내 말을 따라 내가 네게 명하는 대로 염소 떼에 가서 거기서 좋은 염소 새끼 두 마리를 내게로 가져오면 내가 그것으로 네 아버지를 위하여 그가 즐기시는 별미를 만들리니 네가 그것을 네 아버지께 가져다 드려서 그가 죽기 전에 네게 축복하기 위하여 잡수시게 하라 야곱이 그 어머니 리브가에게 이르되 내 형 에서는 털이 많은 사람이요 나는 매끈매끈한 사람인즉 아버지께서 나를 만지실진대 내가 아버지의 눈에 속이는 자로 보일지라 복은 고사하고 저주를 받을까 하나이다 어머니가 그에게 이르되 내 아들아 너의 저주는 내게로 돌리리니 내 말만 따르고 가서 가져오라 그가 가서 끌어다가 어머니에게로 가져왔더니 그의 어머니가 그의 아버지가 즐기는 별미를 만들었더라 리브가가 집 안 자기에게 있는 그의 맏아들 에서의 좋은 의복을 가져다가 그의 작은 아들 야곱에게 입히고 또 염소 새끼의 가죽을 그의 손과 목의 매끈매끈한 곳에 입히고 자기가 만든 별미와 떡을 자기 아들 야곱의 손에 주니 야곱이 아버지에게 나아가서 내 아버지여 하고 부르니 이르되 내가 여기 있노라 내 아들아 네가 누구냐 야곱이 아버지에게 대답하되 나는 아버지의 맏아들 에서로소이다 아버지께서 내게 명하신 대로 내가 하였사오니 원하건대 일어나 앉아서 내가 사냥한 고기를 잡수시고 아버지 마음껏 내게 축복하소서 이삭이 그의 아들에게 이르되 내 아들아 네가 어떻게 이같이 속히 잡았느냐 그가 이르되 아버지의 하나님 여호와께서 나로 순조롭게 만나게 하셨음이니이다 이삭이 야곱에게 이르되 내 아들아 가까이 오라 네가 과연 내 아들 에서인지 아닌지 내가 너를 만져보려 하노라 야곱이 그 아버지 이삭에게 가까이 가니 이삭이 만지며 이르되 음성은 야곱의 음성이나 손은 에서의 손이로다 하며 그의 손이 형 에서의 손과 같이 털이 있으므로 분별하지 못하고 축복하였더라"

　창세기 27장의 결론부터 말하면, '모든 인간은 실수를 하고 또 실수를 한다. 그러나 하나님께서는 그 실수를 용서하시고, 치유하시고, 당신의 계획과 뜻을 이루어 가신다' 는 것이다. 인간은 약점을 가지고 있지만, 하나님께서는 그 약점을 덮어 주시고, 당신의 은혜의 역사를 베풀어 주신다는 뜻이다.

축복 받기 작전

　본문을 무대 위로 올려 보자. 드라마의 기획과 연출은 어머니 리브가가 맡았다. 주인공은 둘째 아들 야곱이다. 상대역으로 아버지 이삭과 맏아들 에서가 등장한다. 드라마의 제목은 "축복 받기 작전"이다.

　이 드라마가 우리의 관심을 끄는 이유가 있다. 장차 메시아가 태어날 한 가문의 태동 이야기다. 주몽 2탄 정도 된다고 할 수 있다. 본문의 소재는 독자들에게 많은 의문점을 제공한다. 아버지가 아들에게 하는 축복이란 게 도대체 무엇이기에 성경은 이처럼 깊은 관심을 가지는가? 이미 동생이 팥죽 한 그릇에 샀던 그 장자권과 지금 형이 받겠다고 설치는 축복권과는 어떤 관계가 있는 것인가? 아내는 남편을 속이고, 자식은 아버지와 형제를 속이고 축복을 빼앗는다. 그러면 빼앗은 축복도 유효한 것인가? 너무 귀한 것인 축복, 과연 수단과 방법을 가리지 말고 빼앗아야 하는 것인가? 성경은 이 어처구니없는 사건을 왜 이토록 자세히 다루고 있는 것인가? 오늘 우리에게 무엇을 가르쳐 주기 위해서 이 본문은 기록된 것인가?

이처럼 이 드라마는 개봉 전부터 많은 관심을 불러일으키기에 충분하다.

이삭: 실수하는 늙은이

성경은 누가 축복을 받아야 하느냐 하는 문제를 두고 성경 스스로 격렬한 논쟁거리를 제공한다. 이삭 자신이 아브라함의 맏아들로 태어나지 못했다. 그러나 아무런 갈등 없이 축복을 받았다. 먼저 태어난 그의 형 이스마엘은 본부인의 아들이 아니었다. 첩의 아들이었다. 그러므로 이삭은 자연스럽게 축복을 받는다. 그러나 에서와 야곱의 상황은 다르다. 둘 다 본부인의 아들이다. 게다가 쌍둥이 형제다. 에서가 맏아들로 태어난다. 그러나 에서는 이 장자권, 축복받는 일에 관심이 없었기에 장자권을 상실한다.

이렇든 저렇든 사회 풍습은 맏아들이 축복을 받아 가문의 족장이 되는 것이다. 그런데 하나님은 맏아들 에서가 아니라 둘째인 야곱을 선택했다고 말씀하신다. 성경은 하나님이 왜 사회적인 관습을 무시하시고 둘째 아들을 선택했는지 그 이유를 설명하지 않는다. 바로 이때 축복이 누구에게 가는 것이 옳으냐는 논쟁이 일어난다.

엄청난 갈등, 논쟁 속에서 성경은 뭐라고 얘기하는가? 사회 관습을 따른 이삭의 생각과 행동이 잘못되었다는 전제부터 시작된다. 하나님의 계획과 세상 관습의 갈등 속에서 이삭은 사람의 뜻으로 하나님의 계획을 바꿀 수 없다는 사실을 알았어야 했다. 그것이 신앙이다. 인간의 어떤 실수, 어떤 몸부림에도 하나님의 뜻은 이루어진다.

하나님의 뜻을 피조물 그 누구도, 그 무엇도 거스를 수 없다는 전제로부터 시작된다.

좋은 영성이 무엇인가? 하나님의 계획을 아는 것이다. 그 하나님의 계획을 알았으면 순복하는 것이다. 자신의 생각으로 하나님의 뜻을 바꿀 수 있다고 생각한 이삭, 하나님의 계획에 무관심했던 이삭이 틀렸다는 것이 성경의 결론이다.

장자권은 이미 동생이 팥죽 한 그릇에 형으로부터 샀다. 몇 명 안 되는 가족 안에서 두 아들 사이에 명백한 장자권 거래가 있었음을 이삭이 몰랐을 리 없다. 그런데 이삭은 맏아들 에서를 편애한다. 에서를 편애한 이유가 재밌다. 에서가 사냥한 고기를 좋아해서 그렇다고 성경은 말한다.

축복의 시기도 잘못되었다. 축복은 족장권을 물려주는 임금의 선위와 같은 예식이다. 이 예식은 아버지가 죽음을 앞두고 하는 예식이다. 이 사건이 일어난 후 이삭은 40년이나 더 살다 죽는다.

축복의 방식도 잘못되었다. 온 가족이 모인 자리에서 엄숙하게 거행되어야 했다. 그런데 아버지와 에서 둘이 은밀하게 행하겠다는 것이다. 하나님께 제사를 드리고 예배를 드리고 축복해야 하는데, 고기를 배부르게 먹은 후에 축복하겠다는 것이다. 너무나 인간적이었다. 눈이 어두워진 이삭을 소개하면서 성경은 이삭이 육신적인 눈뿐 아니라 영적인 눈 또한 어두워졌음을 암시한다.

성경의 해석으로 볼 때 이삭이 잘못되었다. 지금 이 축복 행사는 처음부터 모든 과정에 하자가 있다는 것이다. 거룩한 것일수록 하나님의 뜻대로 이루어져야 한다는 것이다. 비록 내가 손해를 봐도 하나님의 계획은 이루어져야 한다. 비록 내 뜻과 달라도 하나님의 계획은 이루어져야 한다. 칼빈은 "내가 지옥 가는 것이 하나님의 뜻이라면 나는 지옥문을 내려가면서 하나님을 찬양하겠다"고 말했다. 하나님께서 이런 사람을 지옥에 보내실 리 없지만, 내 생각과 내 계획과 상관없이 하나님의 거룩한 뜻은 이루어져야 한다.

리브가: 위대한 어머니

본문에서 성경은 숨은 주인공으로 리브가를 소개한

다. 리브가는 이미 창세기 24장에서 지혜로운 여인으로 무대에 등장한다. 남편의 잘못된 생각과 행동 때문에 하나님의 계획을 그르쳐서는 안 된다고 생각했다. 그러므로 남편을 속이기로 결정한다. 이 결정이 옳은 것인가, 그른 것인가를 차치하고, 이때 성경은 리브가 편을 든다. 에서가 장자권을 소홀히 여겼다고 기록하고 리브가의 행동을 정당화시켜 준다. 이삭의 눈이 어두웠다고 기록함으로써 리브가를 귀가 밝은 여인으로 소개한다. 분별력 있는 여인으로 소개한다. 사냥한 고기로 별미를 만들어 오면 그것을 먹고 축복하겠다고 말하는 이삭의 인간적인 행동을 언급하며, 이와 대조적으로 리브가를 영적인 여인으로 소개한다.

창세기 27장 7절에 보면 리브가가 이상한 말 한마디를 첨가한다. 그의 남편이 하지 않은 말인데 자기 아들에게 남편의 말을 전하면서 "여호와 앞에서"라는 말을 첨가한다. '남편이 지금 인간적인 생각을 가지고 축복을 거행하지만, 만약에 이 축복이 여호와 앞에서 행하는 축복이요, 유효하다면, 이것은 엄청난 잘못이다. 하나님의 뜻에 대한 배신이다. 거역이다. 이것은 막아야 된다'고 생각했던 것이다.

하나님의 계획과 뜻은 남편뿐 아니라 그 누구도 막아서는 안 된다는 것이 리브가의 생각이었다. 하나님의 뜻은 이루어져야 하며, 또한 이루어진다고 믿었다. 당신이 구원받는 것, 당신을 통하여 만인간이 구원을 받는 것, 이것은 하나님의 뜻이다. 반드시 이루어져야 한다. 우리가 예수를 영접했으면, 우리가 하나님의 자녀가 되었으면, 이것은 반드시 이루어진다. 교회가 평안하고 부흥되고 존귀함을 이루는 것이 하나님의 뜻이기에, 이것은 반드시 이루어진다.

크리스틴 알렌이란 신학자는 본문에 리브가를 정말 위대한 어머니로 소개하는 한 구절이 있음을 발견한다. 창세기 27장 13절에서 야곱이 아버지를 속이다가 오히려 저주를 받을까 두렵다고 말할 때, 이때 리브가가 말한다.

"내 아들아 너의 저주는 내게로 돌리리니 내 말만 따르고"

리브가는 성경에서 하나님의 뜻을 위해 자신이 저주

를 받겠다고 나선 최초의 인물이 되었다. 역사가 흐른 다음에 모세가 "내가 저주를 뒤집어쓰는 한이 있어도 내 민족의 잘못을 용서해 달라"고 하나님 앞에 매달려 울부짖는다. 사도 바울이 "내가 저주를 받아 하나님으로부터 끊어지는 한이 있어도 내 동족을 구원해 달라"고 부르짖는다. 믿음의 조상 아브라함은 이삭을 바치라는 하나님의 말씀에 아버지인 자신이 제물이 되겠다고 나서지 않았다. 그러나 리브가는 인류의 저주를 대신 진 예수 그리스도와 같은 결단을 한 여인으로 기록되어진다.

이때 독자들의 가슴에 풀리지 않는 문제가 하나 남아 있다. 리브가가 한 일은 분명 속임수가 아닌가? 남편에게 들어가 대화를 하고 설득하고 만류하면 되는 일이 아니었던가? 이에 대해 신학자들은 그 관점을 오늘의 윤리 수준, 오늘의 관점으로 수천 년 전 문화를 이해하려고 하기 때문에 생긴 오해라고 말한다. 당시 족장인 남편의 결단은 아내라 할지라도 여인이 직접 들어가서 만류할 수 없었다. 대화하고 설득시킬 수 있는 상황이 전혀 아니었다. 불가능한 일이었다. 그러므로 리브가가 할 수 있는 최대의 수단은 이것이 전부였다.

본문은 옳고 그름의 윤리 수준을 말하려는 것이 아니다. 하나님의 계획과 뜻은 인간의 약점에도 불구하고, 수많은 인간들의 실수에도 불구하고 이루어진다는 사실을 역설하고 강조하기 위함이다. 이 사실을 믿고 역사의 주인은 하나님이시라는 것을 알게 하기 위함이다. 우리가 하나님의 뜻을 알고 하나님 앞에 주권을 맡겨 드리고 그분의 뜻을 따라 살아가는 것이 은혜요, 축복이요, 구원의 길이란 사실을 본문이 우리에게 역설하고 있는 것이다.

야곱: 부족한 인간을 통하여!

본 드라마의 기획, 연출가였던 리브가에게는 야곱을 등장시키며 한 가지 의문점이 있었다. 아들 야곱이 제 역할을 잘할 수 있을까? 즉, '아버지를 속이고 축복을 받아 낼 수 있을까?' 하는 의구심이었다. 그런데 야곱이 너무나도 멋지게 연기를 한다. 멋지게 축복을 받아 낸다.

중간 중간 스릴 넘치는 위기가 있었다. 왜 이렇게 빨리 사냥을 했는지 아버지가 물을 때에 "하나님 여호와께서 나로 순조롭게 만나게 하셨음이니이다" 하며 능청을

떤다. "음성은 야곱의 음성이나 손은 에서의 손이로다" 했을 땐 가슴이 철렁 내려앉았을 것이다. "에서는 몸에 털이 많으니 몸 한번 만져 보자. 에서와 야곱은 향취가 다르니 냄새 한번 맡아 보자." 이럴 때 얼마나 가슴 졸였을까? 독자들의 가슴을 졸이게 만드는 아슬아슬한 순간들이 많이 나온다. 그러나 그럴수록 독자들은 야곱의 태도에도 의구심을 갖는다. 과연 야곱의 태도가 옳았는가? 축복을 위해서라면 남을 속여도 되는가? 하나님의 뜻을 믿고 기다릴 수는 없었는가? 왜 성경은 이 사기 행각을 이토록 자세하게 소개하는가?

야곱의 속임수를 이토록 자세하게 기록하는 것은 야곱을 칭찬하기 위해서가 아니다. 야곱이 악바리가 되어서 축복을 끄집어 낸 것을 칭찬한 것이 아니다. 축복은 소중한 것이니 수단 방법 가리지 말고 쟁취하라는 교훈이 아니다. 성경이 이런 일들을 자세히 기록한 것은 우리 믿음의 조상들, 즉 야곱이 하나님의 복을 받기에 얼마나 합당하지 못한 인물인가를 보여 주는 것이다. 당신이 구원받고 하나님의 자녀가 된 것! 이것이 당신에게 조건이 있고, 자격이 있고, 선행이 있고, 공로가 있어서가 아니라는 것이다. 우리가 우리의 공로나 선행이나 자격이나 조건으로 구원받고 축복받기에 얼마나 합당하지 못한 존재인가? 자신을 보라는 것이다. 야곱의 얼굴 속에서 자신의 얼굴을 발견하라는 것이다.

우리를 겸손하게 만들기 위한 사건이 창세기 27장에 나오는 사건이다. 이런 야곱을 하나님은 축복하신다. 그 내용이 28~29절 말씀이다. 하늘과 땅의 기름진 복, 번성하는 성공의 복을 허락하신다. 세상에서 출세하여 구원받은 하나님의 자녀로서 영향력을 드러내고 살라며 리더십의 복을 주신다. 한 번 얻은 구원을 영원히 빼앗기지 않을 영적인 복을 허락해 주신다.

무슨 얘기인가? 잘났기 때문에 출세하고 성공한 것이 아니라는 것이다. 착해서 구원받은 것이 아니라는 것이다. 100퍼센트 하나님의 은혜로 구원받았으니, 하나님의 은혜로 살고, 하나님의 은혜로 출세하고, 성공하고 살아가라는 것이다. 생명을 연장시켜 주셨지만 갚지 못한 채 살아왔고, 갚지 못하고 살 줄 뻔히 알면서도 오늘의 생명을 또 다시 연장시켜 주셔서 예배드리게 하시는, 내일도 동트는 아침을 보게 해 주신다는 것이다. 이 모든 것을 감사할 줄 알라는 것이다.

이삭과 야곱, 심지어 기획 연출가인 리브가마저도 흠이 있고 실수가 많은 인물이었다. 완전한 인물은 그 누구도 없다. 모두 무자격자들이었다. 이것이 인간이다.

내가 한소망교회를 섬기는 목사가 되었지만, 자격이 있어서, 모든 설교에 합당해서 목사가 된 것이 아니다. 자격 없지만, 가치 없지만, 목사로 삼았으니 감사하면서 목양하라는 것이다. 한소망 교인이 되었으면 당신의 목사를 불쌍히 여기고, 모자란 목사인 것을 알아 덮어 줄 줄 알라는 것이다. 당신의 직분이 장로인가? 당신이 잘나서 장로 된 것 아니다. 자격 없는 것 알고, 하나님께서 기름 부어 세우셨음을 알고 평생 감사하며 살라는 것이다. 권사, 집사, 성도가 된 것이 우리에게 어떤 자격이 있어서 된 것이 아니라는 것이다. 이 본문을 읽을 때마다 모두 머리 숙여 겸손하라는 것이다.

우리는 모두 실수를 한다. 약점이 많다. 허물이 크다. 무자격자들이다. 그러나 하나님은 우리를 버리지 않으신다. 포기하지 않으신다. 폐기 처분하지 않으신다. 우리에게 복을 주시어 기어이 이 땅에 예수 그리스도를 보내 주시고, 예수님의 은혜를 우리에게 베풀어 주신다.

모두가 은혜인 것이다. 실수를 덮어 주시는 하나님의 사랑, 실수를 고치시고 기어이 구원하시는 하나님의 은혜, 한도 끝도 없는 넘어짐과 약점이 있지만 문제를 문제시 하지 아니하시어 덮고 감추고 녹이고 부서뜨려서 하나님의 백성 삼으시는 하나님의 능력을 우리에게 가르쳐 주신다.

에서: 하나님의 뜻은 이루어진다

이삭이 야곱을 축복하고 야곱이 방을 나서자마자 "곧" 에서가 들어온다(30절): "아버지여 일어나서 아들이 사냥한 고기를 잡수시고 마음껏 내게 축복하소서"(33절). 이때 이삭이 "심히 크게" 떨었다. 왜인가? 야곱에게 속았기에 억울하고 분해서 두려웠던 것이 아니다. '아! 나의 의지와 상관없이, 내 생각과 상관없이 하나님의 뜻은 이루어지는구나.' 살아 계신 하나님의 역사에 대한 경외감이었다. '역사의 주인은 내가 아니고 하나님이시구나.'

진작 하나님께 기도했어야 했다. 야곱이 들어왔을 때

"하나님, 한 아들이 들어왔는데 나는 에서에게 축복하는 것이 옳다고 생각합니다. 그런데 이놈이 야곱인지 에서인지 잘 모르겠습니다. 하나님, 어떻게 할까요?" 하고 물었다면 하나님께서 말씀하셨을 것이다: "종아, 너는 에서에게 복을 주길 원하지만, 지금 네 앞에 무릎을 꿇고 있는 아들은 둘째 아들 야곱이다. 이것이 내 뜻이다. 두려워하지 말고, 주저하지 말고 그 아들에게 손을 얹어 축복해라. 이것이 나의 뜻이다." 이삭은 순복했어야 옳았다.

에서는 야곱이 자신의 축복을 가로채 갔다는 사실을 알고 통곡한다: "에서가 그의 아버지의 말을 듣고 소리 내어 울며 아버지에게 이르되 내 아버지여 내게 축복하소서 내게도 그리하소서." 그러나 성경은 말한다. 축복은 하나다. 머리가 되는 것도 하나다. 족장은 하나다. 구원의 길은 하나다. 아브라함과 이삭과 야곱의 피를 타고 예수 그리스도가 태어나게 될 것이고, 이 예수를 통하여 만 인간을 구원하고자 하는 것이 하나님의 뜻이다. 천하 사람 중에 구원을 얻을 만한 다른 이름을 우리에게 주신 일이 없으시다. 구원의 길은 하나다.

에서. 그는 영적인 가치를 소홀히 여겼다. 성경적인

가치보다 세상적이고 일시적인 가치를 따라갔다. 영원한 가치의 소중함을 몰랐다. 구원론을 짓밟았다. 구원의 가치, 영원한 가치를 소홀히 여긴 죄, 그 대가가 얼마나 큰 것인가? 그는 뼈저리게 느꼈을 것이다. 그것은 수천 년을 흘러오는 영원한 진리다.

기억하자. 영원한 가치만 남는다. 영원을 위해 산 것만 하나님 앞에 남는다. 말씀만이 영원하다. 예수 그리스도의 이름만 남는다.

저주받은 에서, 복 받지 못한 에서가 사는 길은 없는 것인가? 야곱의 그늘에서 종살이하는 것이다. 에서가 사는 길? 에서가 축복받는 길? 에서가 받았던 저주를 끌어안고 축복의 그늘로 들어가는 것이다. 이방인들이, 기브온 족속들이 두 손 들고 이스라엘 축복의 그늘로 들어가는 것이다. 하나님은 그들을 구원하셨다. 성전을 섬기는 가족으로 구원해 주셨다.

십자가 그늘 아래 나 쉬기 원하네
저 햇볕 심히 뜨겁고 또 짐이 무거워
이 광야 같은 세상에 늘 방황할 때에

주 십자가의 그늘에 내 쉴 곳 찾았네

(새찬송가 415장)

　　세상 햇볕이 뜨거웠는가? 힘들었는가? 외로웠는가? 넘어졌는데 일어날 힘이 없는가? 모든 상처와 실패와 실수를 가슴에 끌어안고 십자가 그늘로 들어가자. 범죄함으로, 하나님의 뜻을 거역함으로 세상에서 넘어지고 깨져서 모든 축복을 잃어버렸는가? 기쁨과 은혜를 상실하고 빈 그물 들고 파도처럼 세상 한복판에서 눈물지으며 달려 나왔는가? 그 상처와 저주를 안고 예수께로 나아가자. 두 손 들고 주님 앞으로 나아가자. 온갖 실수를 끌어안고 십자가 그늘로 들어가자. 주님께서는 그 실수를 치유해 주실 것이다. 회복해 주실 것이다. 하나님은 오늘도 당신을 사랑하신다. 그분은 살아 계신다. 당신의 약점 때문에 당신의 복을 잃어버리지 않을 것이다. 당신이 넘어지고 깨지고 실수했다는 사실 때문에 버림받지 않을 것이다. 야곱에게 복을 주셨던 하나님께서 당신을 축복하신다.

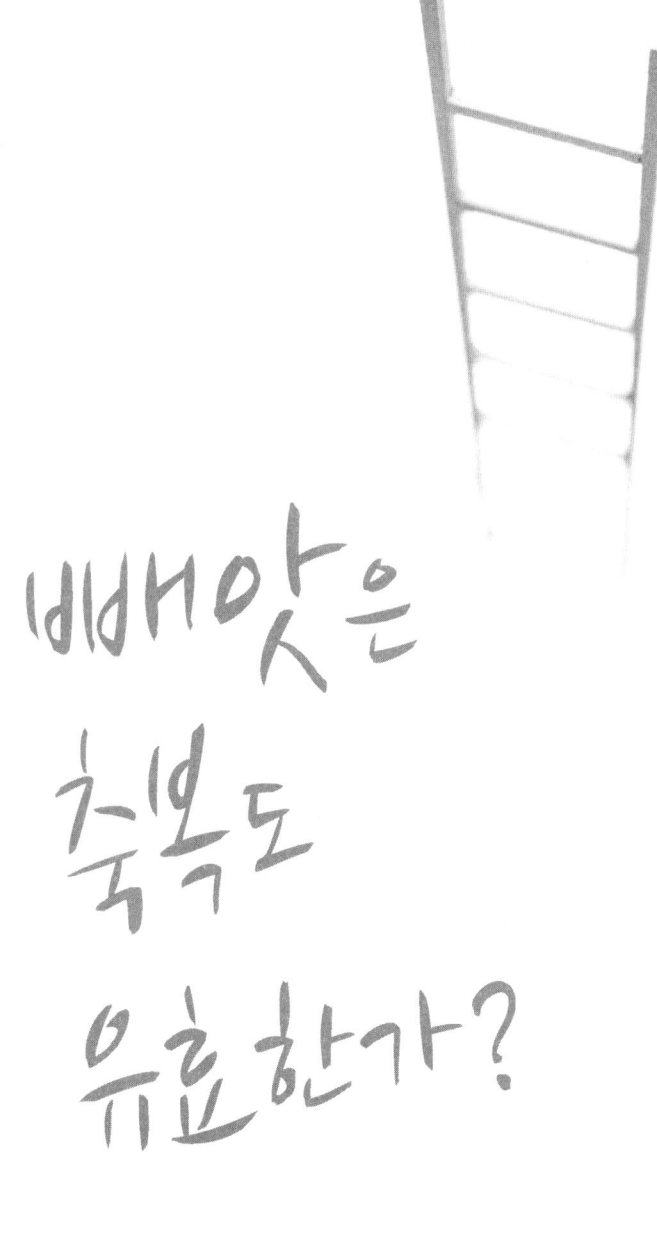

빼앗은 축복도 유효한가?

5강

야곱: 무조건 용납하신다

(창 27~32장)

하나님의 선택

에서와 야곱이 어미 뱃속에 있을 때 하나님께서는 이미 에서 대신 아브라함과 이삭과 에서가 아니라 야곱으로 이어질 것을 미리 작정하시고 야곱을 선택하셨다. 대표적인 구절이 25장 23절 말씀이다: "여호와께서 그에게 이르시되 두 국민이 네 태중에 있구나 두 민족이 네 복중에서부터 나누이리라 이 족속이 저 족속보다 강하겠고 큰 자가 어린 자를 섬기리라 하셨더라."

이미 야곱을 선택하셨다는 것을 아버지도, 그의 어머니도 알고 있었다. 그런데 본문 27장에 와서 보니 "이삭이 나이가 많아 눈이 어두워 잘 보지 못하더니"라고 기록되어 있다. 여기서 '눈이 어두워 잘 보지 못한다'는 것은 우선은 나이가 많아 육체적인 눈이 어두웠다는 의미를 가지고 있다. 그러나 실제적인 내용으로 들어가 보면, 육체적인 눈이 어두워진 것보다 더 심각하게 영적인 눈이 어두워진 것이다. 에서는 이미 장자권을 잃어버렸다. 영적인 감각을 상실했기 때문에 하나님이 주신 모든 복을 잃어버렸다. 에서가 장자권을 상실했다는 것을 이미 온 가족이 알고 있었다. 그럼에도 불구하고 아버지 이삭은 영적인 눈이 어두워져서 이것을 잊어버리고 에서를 축복하겠다고 얘기한다. 여기서부터 모든 것이 꼬이기 시작하는 것이다. 그 아버지의 영적인 감각의 상실, 영적인 안목의 상실, 영적인 눈이 어두워진 것. 여기서부터 가문이 꼬이기 시작한 것이다.

어머니 리브가는 하나님이 에서를 버리고 야곱을 선택하셨다는 것을 너무 잘 알고 있었다. 그래서 눈먼 아버지 이삭을 속이는 전략을 세운다. 둘째를 불러서는 "몸에 털을 바르고 네가 에서인 척하고 복을 받아라"고 한다. 그래서 결국엔 야곱이 아버지의 복을 받아 낸다. 여기서 우린 이런 생각을 가지게 된다: '속임수가 성공한 것 아닌가? 영적인 세계에서 이런 속임수가 통할 수 있단 말인가?' 속임수가 통하는 것이 아니라 하나님의 은혜 안에서는, 하나님의 부름 안에서는 속임수까지도 다 용납되어지고, 이것까지도 하나님의 품 안에서 아울러 품어져서 하나님의 뜻이 이루어져 간다는 사실에 대한 경외감을 가지게 된다.

하나님의 은혜 안에서 당신이 복 받기로, 당신이 복된 존재가 되기로 하나님이 작정하셨다면, 하나님은 우리의 약점에 구애를 받지 않으신다. 우리의 허물에도 하나님은 구애를 받지 않으신다. 우리의 그릇 작음에도 하나님은 구애를 받지 않으신다. 그릇이 작으면 키워 주실 것이다. 약점을 강점으로 바꾸어서 복을 주실 것이다. 하나님의 은혜 안에서는 모든 것이 용납되어지고 품어지는 것을 볼 수 있다. 그렇게 하여 이 가정 공동체 안에서 머물 수 없는 지경에 이르게 되는 것이다. 결국은 집을 떠나게 된다. 그리고 떠나면서 하나님을 만나게 되는, 하나님께서 홀로 떠나는 여정 속에 찾아오시는 사건이 28장에 나온다.

"야곱이 브엘세바에서 떠나 하란으로 향하여 가더니 한 곳에 이르러는 해가 진지라 거기서 유숙하려고 그곳의 한 돌을 가져다가 베개로 삼고 거기 누워 자더니 꿈에 본즉 사닥다리가 땅 위에 서 있는데 그 꼭대기가 하늘에 닿았고 또 본즉 하나님의 사자들이 그 위에서 오르락내리락 하고 또 본즉 여호와께서 그 위에 서서 이르시되 나는 여호와니 너의 조부 아브라함의 하나님이요 이삭의 하나님이라 네가 누워 있는 땅을 내가 너와 네 자손에게 주리니 네 자손이 땅의 티끌 같이 되어 네가 서쪽과 동쪽과 북쪽과 남쪽으로 퍼져나갈지며 땅의 모든 족속이 너와 네 자손으로 말미암아 복을 받으리라 내가 너와 함께 있어 네가 어디로 가든지 너를 지키며 너를 이끌어 이 땅으로 돌아오게 할지라 내가 네게 허락한 것을 다 이루기까지 너를 떠나지 아니하리라 하신지라 야곱이 잠이 깨어 이르되 여호와께서 과연 여기 계시거늘 내가 알지 못하였도다 이에 두려워하여 이르되 두렵도다 이 곳이여 이것은 다름 아닌 하나님의 집이요 이는 하늘의 문이로다 하고 야곱이 아침에 일찍이 일어나 베개로 삼았던 돌을 가져다가 기둥으로 세우고 그 위에 기름을 붓고 그 곳 이름을 벧엘이라 하였더라 이 성의 옛 이름은 루스더라 야곱이 서원하여 이르되 하나님이 나와 함께 계셔서 내가 가는 이 길에서 나를 지키시고 먹을 떡과 입을 옷을 주시어 내가 평안히 아버지 집으로 돌아가게 하시오면 여호와께서 나의 하나님이 되실 것이요 내가 기둥으로 세운 이 돌이 하나님의 집이 될 것이요 하나님께서 내게 주신 모든 것에서 십분의 일을 내가 반드시 하나님께 드리겠나이다 하였더라"(10~22절).

야곱은 신앙적인 가정, 신앙적인 분위기 속에서 태어나고 자랐지만, 하나님과 최초의 인격적인 만남을 여기서 갖게 된 것이다. 매 맞아야 하는 자리에서 하나님은 그에게 복을 주신다. 심지어 아버지, 어머니, 형님, 온 집안의 분위기를 뒤로하고 쫓겨 가는 이 자리, 하나님께서는 여기까지 따라와서 복을 주신다. 여기까지 따라와서 야곱을 만나 주신다.

은혜의 사닥다리

도망가다가 한 곳에서 잠을 청하는데 "꿈에 본즉 사닥다리가 땅 위에 서 있는데 그 꼭대기가 하늘에" 닿았다. 여기 있는 사다리는 야곱이 도망가다가 외로워서 하나님을 만나기 위하여 놓은 사다리가 아니다. 야곱이 하늘나라에 도달하기 위해 땅에서 하늘로 놓인 사다리가 아니라, 하나님이 그 외로운 야곱, 쓸모없는 야곱, 도망가는 야곱을 만나기 위해서 내리신 사다리다. 하늘에서 땅으로 내려온 사다리다. 이게 은혜다. 이게 복이다. 이게 기독교다. 기독교는 내가 하나님을 만나기 위해서 사다리를 놓는 종교가 아니라, 하나님이 나를 찾아오시기 위해서 내려오는 종교, 하늘에서 내 머리를 향하여 사다리가 놓이는 종교다.

이 사다리가 무엇인가? 요한복음 1장 51절에 보면 메시아임을 얘기하고 있다: "하늘이 열리고 하나님의 사자들이 인자 위에 오르락 내리락 하는 것을 보리라." 바로 이 사다리가 예수님, 메시아라는 것을 요한복음은 증거하고 있다.

"또 본즉 여호와께서 그 위에 서서 이르시되"(13절). 이어지는 말씀에서 분명 "네 이놈, 네가 네 죄를 알렸다!" 이렇게 나와야 되는데, "나는 여호와니 너의 조부 아브라함의 하나님이요 이삭의 하나님이라 네가 누워 있는 땅을 내가 너와 네 자손에게 주리니"라는 축복의 말씀이 나온다. 하필이면 왜 야곱 같은 인물을 선택하셨을까? 그것은 바로 당신을 선택하기 위해서, 아브라함과 이삭과 야곱과 영모의 하나님이 되시기 위해서 드디어 야곱이 하나님의 족보에 이어지게 되는 것이다.

> "내가 너와 함께 있어 네가 어디로 가든지 너를 지키며 너를 이끌어 이 땅으로 돌아오게 할지라 내가 네게 허락한 것을 다 이루기까지 너를 떠나지 아니하리라"(15절).

"하란으로 유학 가서 훈련받아 오너라" 하시며 매 맞아야 될 자리에서 축복으로 교육하시는 하나님을 볼 수 있다. 야곱은 말년에 보면 축복하는 인생이 된다. 바로 왕을 만나도 "God bless you! 하나님께서 당신을 축복하실 것입니다", 열두 아들들을 모아 놓고 한 명 한 명 머리를 만지며 "God bless you! 하나님이 너를 축복할 것이다" 축복하는 인생으로 바뀌게 된다. 하나님은 "내가 너를 떠나지 않겠다. 지금 너는 부모를 떠날 수밖에 없고 부모도 너를 버릴 수밖에 없지만, 나는 너를 떠나지 않겠다"고 말씀하신다. 떠나는 것은 나지, 하나님은 나를 떠나지 않으신다. 버리는 것은 나지, 하나님은 나를 버리지 않으신다. 내가 포기하는 것이지, 하나님은 포기하지 않으신다. 하나님은 한 번도 나를 떠난 적 없으시고, 한 번도 버린 적 없으시고, 한 번도 포기한 적 없으시다. "하나님, 나 좀 붙들어 주세요." "야, 이놈아, 나는 너를 한 번도 놓은 적이 없어." "하나님, 나와 함께해 주세요." "나는 언제나 너와 함께해." "하나님, 내게 복 주세요." "나는 너에게 복 안 준 적이 없어." 문제는 나다. 내가 붙들면 되는 것이다. 내가 준비만 하면 된다. 내가 믿으면 끝나는 것이다.

야곱은 혼자 도망간 줄 알았다. 아버지와 할아버지 곁에만 하나님이 계신 줄 알았다. 그런데 야곱이 고백한다: "여호와께서 과연 여기 계시거늘 내가 알지 못하였도다." 홀로인 줄 알았는데 하나님이 여기 계시다는 것이다. 하나님은 특별한 장소에 계시는 줄 알았는데, 내가 가는 곳 어디나 하나님이 함께 계신 것이다. 내가 있는 그곳이 하나님의 집이 된다. 내가 무릎 꿇는 그 자리가 성전이 된다. 그래서 그 자리에 돌을 세워서 성전을 삼는 것이다. 하나님 앞에 약속을 한다. 할아버지 아브라함이 약속한 십일조의 서원을 하나님이 나와 함께하신다는 이 감격을 가지고 서원하는 것을 볼 수 있다.

이 만남부터 모든 것이 달라진다. "야곱이 길을 떠나 동방 사람의 땅에 이르러"(창 29:1). "야곱이 길을 떠나" 이 부분을 개역한글 성경으로 보면 "야곱이 발행하여"라고 되어 있다. 원문에 보면 야곱이 터덜터덜 힘을 잃어버리고 어떡하나 걱정하며 가다가, 29장 1절에서 하나님을 만나고 난 다음에는 첫걸음을 힘차게 내딛는 모습이다. 은혜 받은 힘찬 발걸음을 쭉 내딛는 모습이다. 발걸음 자체가 달라지는 것이다. 눈동자가 달라지고, 가슴이 달라지고, 언어가 달라지는 것을 얘기하는 것이다.

그 후 외삼촌댁에 가서 아내를 얻는다. 자식들을 얻는다. 재물을 얻는다. 이름을 얻는다. 그리고 큰 부족이 되어 돌아오게 되는 것이다. 돌아오는 여정 속에, 곧 아버지, 어머니, 형을 만나러 오는 과정 속에 일어나는 사건이 32장 24절부터 나온다.

"야곱은 홀로 남았더니 어떤 사람이 날이 새도록 야

곱과 씨름하다가 자기가 야곱을 이기지 못함을 보고 그가 야곱의 허벅지 관절을 치매 야곱의 허벅지 관절이 그 사람과 씨름할 때에 어긋났더라 그가 이르되 날이 새려하니 나로 가게 하라 야곱이 이르되 당신이 내게 축복하지 아니하면 가게 하지 아니하겠나이다 그 사람이 그에게 이르되 네 이름이 무엇이냐 그가 이르되 야곱이니이다 그가 이르되 네 이름을 다시는 야곱이라 부를 것이 아니요 이스라엘이라 부를 것이니 이는 네가 하나님과 및 사람들과 겨루어 이겼음이니라 야곱이 청하여 이르되 당신의 이름을 알려주소서 그 사람이 이르되 어찌하여 내 이름을 묻느냐 하고 거기서 야곱에게 축복한지라 그러므로 야곱이 그 곳 이름을 브니엘이라 하였으니 그가 이르기를 내가 하나님과 대면하여 보았으나 내 생명이 보전되었다 함이더라 그가 브니엘을 지날 때에 해가 돋았고 그의 허벅다리로 말미암아 절었더라 그 사람이 야곱의 허벅지 관절에 있는 둔부의 힘줄을 쳤으므로 이스라엘 사람들이 지금까지 허벅지 관절에 있는 둔부의 힘줄을 먹지 아니하더라"(창 32:24~32).

돌아오는 길에 에서에게 재물을 다 보냈다. 사랑하는 아내와 자녀를 다 보냈다. 강 건너 모두 보냈다. 그러나 자신은 겁이 나서 강을 건너지 못한다. 강 이편에서 혼자 밤을 지새운다: "야곱은 홀로 남았더니." 인생의 밤을 맞이한 사람이 있는가? 두려움의 밤을 보내야 하는 사람이 있는가? 사랑하는 사람들이 내 곁을 떠나서 외로움 속에, 고독 속에 홀로 남겨진 이가 있는가? 그 시간은 당신이 하나님을 만나야 하는 시간이다. 하나님이 당신을 만나고 싶다는 사인을 보내신 것이다. 포기하고 절망하라는 시간이 아니라, 하나님께서 "이제는 너 혼자이니 내가 너를 만나 주마. 힘들어? 내가 함께할게. 아파? 내가 너를 만나고 싶다는 사인을 보낸 거야" 하고 말씀하시는 시간인 것이다. 포기하란 얘기가 아니다. 당신을 버렸다는 얘기가 아니다. 이미 당신의 모든 것을 하나님은 받으셨다. 당신의 모든 것을 용납하셨다. 연약한 체질까지도, 약점까지도 받으셨다. 못난 모습 그대로 하나님이 인정하기로 작정하신 것이다. 하나님은 절대로 당신을 포기하지 않으신다. 다만 당신을 가까이서 만나고 싶으시다는 사인을 보내신 것뿐이다.

존재를 바꾸시는 하나님

홀로 남은 그 밤에 하나님께서 야곱을 만나고 싶어서 찾아오셨다. 어떤 모습으로 찾아오셨는가? 어떤 사람이 날이 새도록 야곱과 씨름을 한다. "그 사람 … 그 사람이"(25, 27절). 철저하게 주어가 하나님으로 나타나고 있다. 야곱은 에서가 보낸 첩자인 줄 알았지만 하나님은 철저하게 주권자가 되시어 씨름을 걸어 오신 것이다. 영적인 거룩한 싸움을 걸어 오신 것이다. 밤새도록 씨름을 하다 환도 뼈, 곧 허벅지 관절을 쳐 버리신다. 이때부터 씨름은 끝난 것이다. 이미 관절이 부러져서 땅바닥에 내동댕이 쳐졌다. 게임은 끝났다. 그런데 하나님은 "네가 이겼다"고 하신다.

"당신이 내게 축복하지 아니하면 가게 하지 아니하겠나이다." 하나님께서 "네가 이겼구나" 하시며 그에게 승리를 선언하신다. 무슨 말인가? 복을 얻어내는 싸움에서 이겼다는 것이다. 씨름에서 이겼다는 얘기가 아니다. 복을 얻어내는 싸움에서 이겼다는 것이다. 끈질긴 매달림이 이긴 것이다. 호세아 12장 4절에 보면 울며 하나님께 매달렸다고 얘기하고 있다. 애원함으로 매달렸다고 얘기하고 있다. 하나님께 매달리는 야곱. 하나님 앞에 떼쓰는 야곱. 하나님 앞에 울부짖는 야곱. 깨끗이 포기하고 하나님 앞에 항복하고 매달리는 야곱. 지금까지 보지 못했던 야곱의 모습이다.

지금까지 야곱은 자신의 힘으로 안 되는 게 없었다. 장자의 명분을 얻어 낸다. 자신의 힘으로 아내를 얻어 낸다. 속았지만 사랑하는 여인을 끝까지 얻어 낸다. 자녀들을 얻었다. 물질을 얻었다. 내 힘으로 안 되는 게 없다. 그러나 바로 이 순간, 환도 뼈가 부러지는 순간, 넉 다운되는 이 순간에 야곱은 "하나님, 내 힘으로는 안 돼요. 내 힘으로 된다 할지라도 그것은 복이 아니에요. 내 재주로는 안 돼요. 내 재주로 얻는다 할지라도 그것은 복이 아니에요. 하나님이 없으면 나는 아무것도 아닙니다. 하나님이 안 도와주시면 나는 아무것도 아닙니다. 하나님이 붙들어 주지 않으시면 나는 쓰러질 수밖에 없습니다. 하나님 없이는 나는 아무것도 아닙니다" 하며 하나님 앞에 항복해 버리고 마는 것이다.

이쯤 되었을 때 하나님께서 야곱에게 "네 이름이 무엇이냐" 하고 물으신다. 하나님이 이름을 몰라서 물으시는 것인가? 아니다. 자신의 힘으로 무엇이든 할 수 있었던 야곱. 자신의 재주로 무엇이든 할 수 있었던 야곱. 그것은 그의 존재가 아니다. 지금까지는 그것이 그의 존재의 모습이었는지 모르지만, 이제부터 이름을 이스라엘이라 바꾸어 주시는 것이다. 존재가 달라졌다는 것을 인정해 주시는 것이다.

이스라엘은 무엇인가? "내가 다스려 주마, 내가 다스린다, 내 힘으로 너는 무엇이든지 하게 될 것이다" 하며 하나님께서 말씀하신다. 지금까지 야곱은 자신의 힘과 꾀와 재주로 모든 것을 할 수 있다고 생각했다. 그러나 이제부터는 하나님이 다스리신다. 하나님이 함께하신다. 하나님이 부어 주신다. 하나님의 힘으로 승리하게 될 것이다. 진정한 승리가 무엇인지 알게 될 것이다. 하나님이 나와 함께하시는 것이 진정한 승리임을 알게 될 것이다.

그러고 나서 아침이 밝아 온다. 해가 떠오르는데, 어제 떠올랐던 그 태양인데, 그 태양에서 하나님을 본 것이다. 해가 뜬다가 아니다. 브니엘, 곧 하나님의 얼굴을 보게 된 것이다. 지금까지 집에 들어갈 때 '아이고, 저 토끼 같은 새끼들, 사자 같은 것들을 어떻게 만나나' 그러면서 들어갔는가? 은혜 받고 존재가 달라져서 들어가면 식구들 얼굴 속에서 하나님의 얼굴을 보게 될 것이다. 똑같이 교회를 향하여 걸어오는 길이지만, 지금까지 눈에 보이지 않았던 예배당과 십자가가 하나님의 얼굴로 다가오게 될 것이다. 땅이 하나님의 얼굴로, 떠오르는 태양이 하나님의 얼굴로. 교회에서 일하는 일꾼 정도로 생각했던 목사와 속교회 교역자들을 바라볼 때 그들의 모습에서 하나님의 얼굴을 보게 된다. 옆에 있는 소중한 사람들을 지나가는 사람들이라 생각했는데 그들의 얼굴 속에서, 그들의 언어 속에서, 그들이 내 곁에 있다는 한 가지 사실 때문에 그 속에서 하나님을 보게 된다.

부러진 다리를 움켜쥐고 절뚝절뚝 절며 걷는데 눈에서는 주먹만 한 눈물방울이 뚝뚝 떨어진다. "하나님, 잘 치셨습니다. 하나님이 치지 않으셨더라면 나는 평생 야곱으로, 간사한 존재로, 내 힘으로 살다가 끝났을 거예요." 하나님 앞에 감격의 눈물을 흘리며 하나님을 향하여 다시 걸어가는 야곱이란 인생을 보게 된다. 이스라엘의 인생을 보게 된다.

야곱의 모습 속에서 당신을 발견하기 바란다. 내가 야

곱이다. 모든 것을 용납하고 녹여서 보듬어 안아 주시는 하나님의 품을 느끼길 바란다.

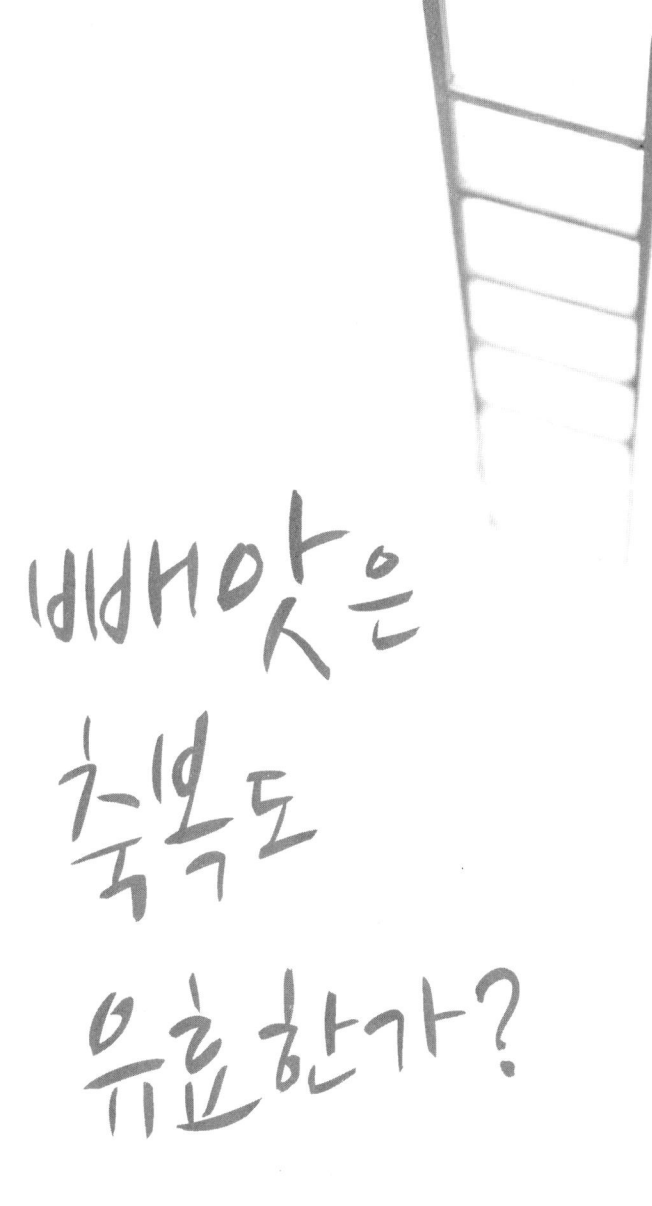

빼앗은 축복도 유효한가?

6강

돌

(창 28:10~22)

"야곱이 브엘세바에서 떠나 하란으로 향하여 가더니 한 곳에 이르러는 해가 진지라 거기서 유숙하려고 그 곳의 한 돌을 가져다가 베개로 삼고 거기 누워 자더니 꿈에 본즉 사닥다리가 땅 위에 서 있는데 그 꼭대기가 하늘에 닿았고 또 본즉 하나님의 사자들이 그 위에서 오르락내리락 하고 또 본즉 여호와께서 그 위에 서서 이르시되 나는 여호와니 너의 조부 아브라함의 하나님이요 이삭의 하나님이라 네가 누워 있는 땅을 내가 너와 네 자손에게 주리니 네 자손이 땅의 티끌 같이 되어 네가 서쪽과 동쪽과 북쪽과 남쪽으로 퍼져나갈지며 땅의 모든 족속이 너와 네 자손으로 말미암아 복을 받으리라 내가 너와 함께 있어 네가 어디로 가든지 너를 지키며 너를 이끌어 이 땅으로 돌아오게 할지라 내가 네게 허락한 것을 다 이루기까지 너를 떠나지 아니하리라 하신지라 야곱이 잠이 깨어 이르되 여호와께서 과연 여기 계시거늘 내가 알지 못하였도다 이에 두려워하여 이르되 두렵도다 이 곳이여 이것은 다름 아닌 하나님의 집이요 이는 하늘의 문이로다 하고 야곱이 아침에 일찍이 일어나 베개로 삼았던 돌을 가져다가 기둥으로 세우고 그 위에 기름을 붓고 그 곳 이름을 벧엘이라 하였더라 이 성의 옛 이름은 루스더라 야곱이 서원하여 이르되 하나님이 나와 함께 계셔서 내가 가는 이 길에서 나를 지키시고 먹을 떡과 입을 옷을 주시어 내가 평안히 아버지 집으로 돌아가게 하시오면 여호와께서 나의 하나님이 되실 것이요 내가 기둥으로 세운 이 돌이 하나님의 집이 될 것이요 하나님께서 내게 주신 모든 것에서 십분의 일을 내가 반드시 하나님께 드리겠나이다 하였더라"

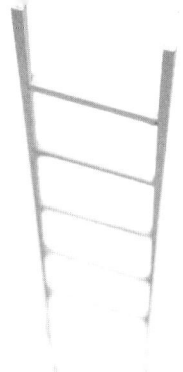

인생 역전

사형수들의 사형을 집행하는 교도소에 한 목사님이 있었다. 이날도 전기의자에 앉아 죽음을 기다리는 사형수를 위해 목사님은 축복 기도를 해 주었다. 그리고 죄수에게 마지막 소원이나 뭐 도울 일이 없느냐고 물었다. 얼굴이 새파래진 죄수가 떨리는 입술로 부탁을 했다: "목사님, 죽음이 너무 두렵습니다. 그러니 편히 죽을 수 있도록 목사님께서 제 손을 꼭 잡아 주세요."

도와줄 수 있는 일이 따로 있지, 전기 충격으로 죽는 사형수의 손을 잡아 줄 수야 있겠는가? 본문의 야곱은 도망자가 되어 광야 길을 홀로 달리고 있었다. 동행자도, 도와줄 사람 그 누구도 없었다.

욕심 많고 간사한 사람이었던 야곱은 어머니 몸에서 태어날 때부터 쌍둥이 형 에서의 발뒤꿈치를 붙잡고 태어난다. 그래서 그의 이름이 '붙잡다, 빼앗다' 라는 뜻인 야곱이 되었다. 그리고 자신의 이름대로 성장하면서 언제나 기회를 엿보던 야곱은 형이 몹시도 시장한 틈을 이용해 팥죽 한 그릇에 장자의 명분을 빼앗는다. 그뿐 아니라 눈먼 아버지까지 속여 아버지가 장자 에서에게 주어야 할 축복을 가로채 버린다.

몇 번이고 속임 당한 에서는 동생을 죽이려고 한을 품고 기회를 엿보게 된다. 에서의 분노로 인해 야곱은 정든 고향과 따뜻한 부모와 가정을 떠날 수밖에 없는 도망자의 신세가 된다. 외삼촌이 살고 있는 하란으로 망명길을 떠나는 야곱의 모습은 처량하기 그지없다. 해가 저물자 야곱은 피곤한 몸을 잠시나마 누이기 위해 루스 광야에서 모래를 침대 삼아 잠자리를 편다. 하늘을 이불 삼아 몸을 덮고, 길바닥에 굴러다니는 돌 판을 베개 삼아 머리를 기댄다. 처량함과 서러움에 한없이 흐르는 눈물을 닦으며 잠을 청한다. 남을 속이고 쫓기는 사람이 갖는 불안감, 죄책감, 가정을 떠난 외로움 등 만감이 교차하는 바로 그 밤이었다. 그러나 야곱은 만감이 교차하는 그 밤, 절망의 끝자락에 내몰려 있는 그 밤에 변화를 경험하게 된다. 창세기 28장은 벧엘에서 야곱이 베고 잤던 돌을 통해 야곱에게 일어난 변화를 말해 준다.

세 가지 돌

서울신학대학교 권혁승 교수의 연구에 의하면 창세기 28장에 세 종류의 돌이 나온다.

1. 길바닥에 굴러다니는 한 돌을 취하여 베개로 삼은 돌(11절)
2. 베개로 삼았던 돌을 기둥으로 세우고 기름을 부은 기념비 돌(18절)
3. 자신이 세운 그 돌이 하나님의 집, 성전이 되리라는 꿈의 돌(22절)

절망의 돌베개(11절)

벧엘이 위치하고 있는 중앙 산지는 돌이 많은 것으로

유명하다. 농작물 경작에 방해가 될 정도로 돌이 많다. 또한 이곳에 있는 돌은 석회암 성분이 많기 때문에 건축 자재로 사용될 정도로 돌의 강도가 높다. 벧엘에서 야곱이 베개로 사용한 돌은 이곳에서 흔하게 굴러다니는 돌 중 하나다. 잘 다듬어진 돌이 아니라 제멋대로 생긴 자연 그대로의 돌이다. 결코 편안한 잠을 청하기에 적합한 돌이 아니었다.

오늘날 돌침대를 상상하면 안 된다. 머리를 그 돌 위에 올려놓고 누웠지만 울퉁불퉁한 돌은 오히려 야곱의 머리를 아프게 한다. 설상가상으로 돌에서 전해오는 냉기는 여행으로 피곤한 야곱의 온몸으로 퍼져 나간다. 벧엘에서의 돌베개는 곧 절망적 상황에 놓여 있는 야곱의 모습을 그대로 보여 주고 있다.

야곱은 벧엘에서 절망적 상황 속에 있다. 더구나 하란으로 가는 그의 여행길이 형 에서를 피해 도망가는 피난길이었다는 사실은 야곱을 더욱더 절망적인 상황으로 몰고 갔다. 즐거운 여행길이 아니라 도피라는 불안감과 미래의 불확실성으로 인한 두려움이 몰려오는 고달픈 여행길이다. 사흘 길쯤, 곧 100㎞ 정도를 달려왔지만 앞으로

600㎞ 더 남아 있는 하란까지의 먼 여행길은 야곱에게 커다란 중압감으로 다가왔다.

이러한 야곱의 모든 상황을 딱딱하고 거친 돌이 대변하고 있다. 야곱의 머리를 불편하게 하는 이 돌은 야곱이 처한 상황과 그 마음의 절망과 고통을 말해 주고 있다.

기둥으로 세운 기념비 돌(18절)

하나님은 몸과 마음이 지쳐 잠들어 버린 야곱에게 찾아가신다. 본문에는 빈들에서 잠들어 버린 야곱을 찾아가신 하나님의 이야기가 생생하게 기록되어 있다.

돌을 베개하고 자던 그 밤, 야곱은 참으로 놀라운 꿈을 꾼다. 깊은 밤 갑자기 온 땅이 환해진다. 밝은 빛으로 인해 사닥다리 하나가 산을 지나고 구름을 뚫어 하늘까지 높이 연결된 모습이 보인다. 그 사닥다리 위로 하늘의 사자들이 미끄러지듯 오르락내리락하며 바쁘게 움직이고 있고, 그 위에서 우렁찬 하나님의 음성이 들려온다.

> "나는 여호와니 너의 조부 아브라함의 하나님이요
> 이삭의 하나님이라 네가 누워 있는 땅을 내가 너와

네 자손에게 주리니 네 자손이 땅의 티끌 같이 되어
네가 서쪽과 동쪽과 북쪽과 남쪽으로 퍼져나갈지며
땅의 모든 족속이 너와 네 자손으로 말미암아 복을
받으리라 내가 너와 함께 있어 네가 어디로 가든지
너를 지키며 너를 이끌어 이 땅으로 돌아오게 할지라
내가 네게 허락한 것을 다 이루기까지 너를 떠나지
아니하리라"(창 28:13~15).

야곱이 그토록 오랫동안 갈망하던 그 바람이 이루어지는 꿈을 꾼 것이다.

만약 당신이 하나님이라면 이 간사한 사나이 야곱을 처음 만났을 때 뭐라고 말하겠는가? "네 이놈. 눈먼 아버지, 못난 형을 속이고 어딜 도망가느냐?" 대화가 이렇게 이어져야 문맥이 자연스럽게 연결된다. 그런데 이게 웬일인가? 야곱을 만난 하나님의 제 일성은 축복의 메시지였다. 여기에 굳은 심령을 녹이는 하나님의 사랑이 있다. 야곱은 깨닫는다: '나 혼자인 줄 알았는데, 여기 하나님이 함께 계시는구나. 이 길이 고독한 나그네 길인 줄 알았는데, 하나님께서 동행하시는 길이요, 여기가 내 집이요,

여기가 하나님이 함께하시는 성전이구나. 저주받은 나그네 길인 줄 알았는데, 이 길조차 하나님의 섭리였구나.'

하나님의 섭리를 깨닫자 온몸에 힘이 솟아오른다. 돌베개가 황금보다 귀하게 보인다. 야곱은 넘치는 감격과 은혜로 인해 베고 자던 돌을 '하나님의 집'의 기둥으로 세우고 기름을 붓는다. 여기에서 말하는 '기둥'은 히브리어로 '마체바'(matsebah)라고 부른다. 이것은 단순히 세워 놓은 돌 '에벤'(eben)이 아니라, 기념비로서의 돌로 하나님께 구별하여 드린 제단이라는 의미를 가지고 있다. 야곱은 하나님께 구별된 제단을 쌓고 그곳에 무릎을 꿇어 기도하고 예배를 드린다. 마침내 야곱은 루스라 불리던 광야의 땅을 하나님의 집 '벧엘'이라 부른다.

'벧엘'의 본래 이름은 루스다. 루스란 말은 분리라는 뜻이다. 이곳에서 야곱은 깨닫는다: "나는 이제 영원히 하나님으로부터 버림받는 존재가 되는 것이구나, 내 형제 부모로부터 나는 이제 분리된 존재구나 생각했는데, 하나님께서 나와 함께 계시네. 나 혼자 가는 길인 줄 알았는데 하나님이 동행하시고, 여기 엎드린 이곳이 하나님의 집 벧엘이었구나."

그 두려움이 변하여 내 기도 되었고

전날의 한숨 변하여 내 노래 되었네

(새찬송가 370장)

찬송이 절로 흘러 나왔다. 그런데 한 가지 의문점이 있다. 집을 떠나 100㎞ 정도를 이동한 후 광야에서 잠을 자던 야곱이 갑자기 기름을 어떻게 구했을까 하는 의구심이다.

야곱이 여행길에 가지고 있었던 기름은 감람유다. 이스라엘에서 감람유는 여러 가지 용도로 쓰였다. 음식을 만들 때는 식용유, 피부에 바를 때는 최고의 화장품, 급할 때는 질병이나 상처에 바르는 약으로 사용되기도 한다. 물론 우리가 잘 아는 것처럼, 종교적으로는 성전의 등불을 밝히는 기름이나 하나님의 직분자들(왕이나 제사장 등)을 세울 때 사용하는 기름부음에 사용되었다. 또한 감람유는 비상시에 상처에 바를 수 있는 비상약품 역할을 했기 때문에, 긴 여행을 떠나는 사람들에게는 필수적인 휴대품이었다. 누가복음을 보면 강도 만났던 자를 도와주었던 선한 사마리아인이 주막으로 그를 데리고 가기 전에, 먼저 자기가 가지고 다니던 기름과 포도주로 응급 치료를 했다는 기사를 볼 수 있다(눅 10:34). 하란으로 이동하던 야곱도 비상약품인 감람유를 가지고 있었기에 그 기름을 돌기둥 위에 부었다. 이것은 세운 돌을 거룩히 구별한다는 의미도 있겠지만, 그와 동시에 아직까지 멀리 남아 있는 하란까지의 여행길을 하나님께 위탁하는 믿음의 행동이기도 하다.

성전의 기초가 될 서원과 비전의 돌(22절)

야곱의 절망적 상황을 대변해 주었던 볼품없던 돌베개가 똑바로 세워지면서, 하나님께 드리는 거룩한 예배와 기도의 제단으로 바뀌었다. 고대 시대에 기름을 붓는 행위는 하나님의 것으로 거룩히 구별하여 드린다는 의미가 있었기 때문에, 야곱은 돌기둥을 세우면서 그 위에 기름을 부었다.

그러나 야곱은 이제 그의 신앙이 기념비적 제단을 쌓는 것에 그치지 않고, 결단하는 신앙으로 발전해 나간다. 야곱은 자신의 불확실한 문제를 하나님 앞에 내놓고 서원의 기도를 드리면서 자신의 미래를 결단하고 있다.

야곱이 하나님께 드리는 서원 기도의 서두는 "하나님이 나와 함께 계셔서 내가 가는 이 길에서 나를 지키시고 먹을 떡과 입을 옷을 주시어 내가 평안히 아버지 집으로 돌아가게 하시오면"이라는 내용으로 시작된다. 하나님께 드리는 서원의 결단이 마치 조건부에 의한 것처럼 느껴진다. 그러나 히브리어 원문을 보면 20절이 시작되는 서두에 접속사 '임' (אִם)이 사용되어 있다. '임' (אִם)은 조건을 나타내는 접속사로도 사용되지만, 동시에 강한 소망을 나타내는 불변사로 사용되어서 '~하시기를', '~되시기를'로 번역할 수 있다. 앞뒤 본문의 맥락을 살펴볼 때 조건문으로 이해하기보다는 '~해 주시기를'이란 뜻을 지닌 소망의 불변사로 해석하는 것이 더욱 적절하다. 따라서 야곱이 자신의 신앙을 결단하며 하나님께 드리는 기도의 서문은 조건부적인 의미보다는, 이미 앞에서 하나님께서 야곱에게 약속하신 내용들을 수용하는 적극적인 자세라고 이해할 수 있다.

야곱이 결단하는 신앙 내용은 세 가지다. 첫째는 여호와께서 야곱의 하나님이 되실 것이라는 신앙고백(28:21), 둘째는 기둥으로 세운 돌이 하나님의 전이 될 것이라는 비전, 세 번째는 하나님께서 주신 것의 10분의 1을 드리겠다는 내용이다.

벧엘에서 하나님이 주시는 환상을 보았던 야곱의 생애는 새로운 전환점을 맞이했다. 야곱은 하나님이 주시는 꿈을 통해서, 자신이 베고 있었던 돌에서 자신의 모습을 발견할 수 있었다. 차가운 절망의 돌이 기도의 거룩한 제단이 되었고, 하나님의 위대한 성전을 이루게 될 비전의 돌로 바뀌었다. 아무렇게나 놓여 있었던 절망의 돌이 이제는 위대한 미래의 소망으로 의미와 가치가 달라진 위대한 신앙고백의 돌이 된 것이다.

그렇다. 우리는 모두 길거리에 굴러다니는 쓸모없는 돌멩이처럼 버려진 존재였다. 그러나 하나님은 돌멩이 같은 우리를 성전 기둥으로 세우시고 성령의 기름을 부어 교회를 세우신다. 이것이 은혜이고, 자비하신 하나님의 섭리다.

절망이 변하여 성전이 되는 이 엄청난 변화가 어떻게 가능했는가?

- 하나님을 개인적으로 구체적으로 만나는 것이다.

- 조상들을 통해 듣기만 하던 그 하나님을 이제는 내가 만나는 것이다.
- 그토록 몸부림하던 그 꿈이 무엇인가를 발견하는 것이다.
- 그토록 갈망하던 축복의 진정한 의미를 아는 것이다.

이것이 바로 절망의 돌을 성전 기둥으로 바꾸는 힘이다.

에서

한편 야곱이 은혜를 받고 꿈을 꾸고 있는 이 시간, 그의 형 에서는 무엇을 했을까? 그는 분명 장자의 명분과 아버지의 축복을 빼앗아 몰래 달아난 야곱을 생각하며 증오에 떨고 있었을 것이다. 이를 갈고 있었을 것이다.

에서! 그는 주어진 축복을 지키지 못한 사람이었다. 새로운 은혜를 받는 것, 물론 중요하다. 새로운 꿈을 꾸는 것, 귀한 일이다. 그러나 그보다 더 귀한 것은 주신 은혜를 헤아리며 소중히 간직하고 감사하며 살아가는 것이다. 하나님께서 이미 우리에게 주신 꿈을 소중히 이루어 가는 것이다.

에서! 그는 현실주의자였다. 현실주의의 눈으로 볼 때 하나님의 축복은 비현실적이고 이상적으로만 보일 때가 있다. 그는 사냥한 짐승을 잡아서 갈비를 뜯고, 포도주를 곁들여 불고기를 만들어 먹은 후 함포고복으로 배를 두드리며 잠자리에 들고, 또 잠에서 깨어나면 기계처럼 사냥을 나갔다. 이것이 인생의 즐거움이요, 인생의 전부라 생각했다.

에서! 그에겐 꿈이 없었다. 이 땅의 꿈을 잃어버린 사람은 모든 것을 잃어버린 사람이다. 세상 모든 조건을 잃어버렸다 해도 아직 꿈꿀 수 있는 사람은 아직도 많은 것을 간직한 사람이다. 꿈이 있는 사람, 비전이 있는 사람은 젊은이다. 꿈과 비전을 잃은 사람은 그가 누구든 늙은이다.

에서! 그는 신령한 꿈이 없는 현대인들을 상징하고 있다. 부지런히 일만 하고 돈 벌어 집을 사고 좋은 반찬에 밥 먹는 게 고작 꿈이다. 밤이면 TV나 보다가 또 잠들고 먹고 자고 일하고… 이것이 인생의 전부일까? 이 땅에 당신이 태어난 목적이 있다. 그것이 당신의 꿈이다. 하나님을 영화롭게, 이웃을 유익하게 하는 꿈이 있다.

에서를 보자. 그는 축복을 동생에게 다 빼앗긴 후 아버지를 찾아가 찌꺼기 축복이라도 좋으니 남은 것이 있으면 달라고 졸랐으나, 아버지 이삭은 냉혹하게 거절하며 말한다. 성경을 좀 혹독하게 해석하면 이런 뜻이다: "자기에게 준 것도 지키지 못하는 어리석은 자식! 큰 것을 소홀히 하는 미련한 자식! 이상도 꿈도 없이 오늘만으로 만족하는 게으른 자식! 때가 지난 후에 후회하고 땅을 치는 쓸모없는 자식! 복수심을 이기지 못하는 졸장부 같은 자식! 너에게 나눠 줄 축복이 뭐가 있겠느냐? 넌 이제부터 네 주먹이나 믿고 살아라! 거친 땅 황무지나 파먹고 살아라! 너는 평생 네 동생 야곱을 섬기며 살게 될 것이다!" 에서는 그때에야 대성통곡을 하며 아버지의 침상을 물러 나온다.

때를 잃지 말자. 은혜 주실 때 받아야 한다. 회개에도 때가 있다. 충성에도 때가 있다. 천하만사에 때가 있다.

주님 전에 나아와 꿈을 꾸자. 지금이야말로 꿈을 꿔야 할 때다.

야곱의 꿈

야곱은 돌베개를 베고 자는 잠을 통하여 희한한 꿈을 꾸었다. 가슴이 설레는 꿈을 가지게 되었다.

> 마흔 넘은 노총각이 꿈을 품고 열심히 기도했더니 드디어 천사가 나타났다. 그리고 그에게 세 가지 소원을 들어주겠다고 했다.
> 첫째, 좋은 직장을 주십시오.
> 둘째, 가족과 살 수 있는 좋은 집을 주십시오.
>   (두 가지 소원이 이루어졌다.)
> 셋째, 인류 역사상 최고의 여성을 주십시오.
>   (뿅 하고 한 여인이 나타났는데, 테레사 수녀다.)

사람의 꿈과 하나님의 꿈은 다르다. 하나님을 만나고 참된 꿈을 얻자 길바닥 돌멩이가 기념비가 되고 성전이 되었다.

이 세상에서 성공적으로 살았던 모든 사람들은 꿈을 품고 살았던 사람들이다. 잠언 29장 18절에 "묵시가 없으면 백성이 방자히 행하거니와"라는 말씀이 있는데 KJV

에서는 이 말씀을 이렇게 번역한다.

"Where there is no vision, the people perish"
(비전이 없는 백성은 망한다).

달걀은 품어 주지 않으면 절대로 병아리가 되지 못한다. 오늘 꿈을 품지 않은 사람에게 내일의 성공은 없다.

한 인간의 위대성은 꿈의 크기로 재어 볼 수 있다. 꿈이 작은 사람은 작은 사람이다. 꿈이 큰 사람은 큰 사람이다. 땅의 세계만 꿈꾸는 사람은 속물이다. 영원과 종말과 하나님 나라를 꿈꿀 수 있는 사람은 하늘에 속한 사람이다. 성경은 말한다. "그 후에 내가 내 영을 만민에게 부어 주리니 너희 자녀들이 장래 일을 말할 것이며 너희 늙은이는 꿈을 꾸며 너희 젊은이는 이상을 볼 것이며"라고 얘기하고 있다. 주께서 사용하신 사람들을 보면 다른 사람들보다 지혜가 탁월한 사람이 아니었다. 그들은 한결같이 다른 사람이 생각지도 못했던 꿈을 가지고 있는 사람들이었다.

하나님께서는 언제나 개인과 가정, 그리고 공동체나

교회나 민족에게 복을 주려 하실 때 먼저 꿈을 주신다. 영롱하고 찬란한 꿈을 가슴에 심어 주시고, 그 꿈을 가슴에 안고 기도할 때 그 꿈을 통하여 꿈과 비전을 이루어 주시는 것을 볼 수 있다.

교회는 꿈을 파는 곳이다. 교회 강단은 꿈을 나눠 주는 곳이 되어야 한다. 훌륭한 신학자 루돌프 보랜이라는 사람은 "설교는 환상을 주는 것"이라고 말했다. 설교를 듣는 성도들이 꿈을 꿀 수 있어야 한다는 것이다. 설교 시간마다 꿈을 나누어 가길 바란다. 성전에 올 때마다 절망 중에 찾아왔다가 희망의 꿈을 안고 살아가길 바란다. 실패하여 주님 앞에 찾아왔다가 성공하는 꿈을 안고 살아가길 바란다. 병든 사람은 건강한 꿈을 꾸길 바란다. 자식이 없는 사람은 사무엘 같은 자식을 낳는 꿈을 꾸길 바란다. 가정이 구원받는 꿈을 꾸고, 셀 목장이 부흥되고, 교회가 부흥되고, 나라와 민족이 번영하는 꿈을 꾸길 바란다. 당신이 필요한 대로 마음껏 꿈을 사 가지고 가는 제단이 바로 이 제단이 되길 주의 이름으로 축복한다.

하늘 문을 여는 교회

월트 디즈니라는 젊은이는 가난한 만화가였다. 집도 없이 예배당에서 기도하다 지하실에 내려가 만화를 그리곤 했다. 그런데 쥐들이 얼마나 많은지, 득실거리는 쥐들 때문에 잠을 잘 수가 없었다. 쥐를 저주하던 어느 날 꿈을 꾸었다. 쥐들과 함께 친구가 되는 꿈이었다. 그래서 쥐를 소재로 해서 아이들이 좋아하는 만화를 그리기 시작했고, 그는 돈 한 푼 가지지 못한 무일푼으로 오렌지카운티의 벌판에 꿈의 동산을 세우기로 작정하고 기도하기 시작했다. 꿈 하나로 그는 디즈니랜드를 세웠다.

야곱에게 꿈을 준 돌베개는 하늘 문을 열었다. 야곱은 잠에서 깨어난 후 "여호와께서 과연 여기 계시거늘 내가 알지 못하였도다 … 두렵도다 이 곳이여 이것은 다름 아닌 하나님의 집이요 이는 하늘의 문이로다"라고 고백했다. 하늘의 문, 구원의 문, 축복의 문은 모두 돌베개, 즉 교회 안에서 예수 그리스도를 통하여 열린다는 사실을 알게 되었다.

교회는 꿈을 주는 곳이다. 이 세상의 모든 교회는 하늘 꿈을 주는 교회가 되어야 한다. 교회를 찾아 나오는 모든 사람들에게 꿈을 한 가득씩 안겨 주는 교회가 되어야 한다. 교회에는 하늘 문을 닫고 여는 열쇠가 있기 때문이다. 하나님께서는 성도들이 성전에 와서 부르짖는 기도를 들으시어 하늘 문을 여시고 응답해 주신다.

실패했어도, 죄를 지었어도 하나님께 나아가자. 용서의 문이 열려 있다. 사죄의 문이 열려 있다. 하늘의 문이 열려 있다. 세상에서 죄를 짓다가 주님 앞에 찾아왔다 할지라도 절망하지 말자. '나는 안 돼. 내 남편은 안 돼. 내 가족은 안 돼' 하며 좌절하지 말자. 언제나 용서의 문은 열려 있다. "예수여, 날 구원하여 주십시오." 주님의 이름을 부를 때 당신을 구원해 주실 것이다.

지금 기도의 문이 닫혀 있는가? 이곳에 와서 응답받는 꿈을 꾸길 바란다. 사업의 문이 닫히고 직장의 문이 닫혔는가? 여기서 축복받는 꿈을 꾸길 바란다. 행복의 문이 닫힐 때 슬퍼하거나 울지 말고 성전을 향해 나아가자. 앞길이 캄캄하고 암담할 때 절망하지 말고 이곳에 찾아와 꿈을 사 가지고 나아가길 바란다.

한나는 슬픔을 안고 돌베개에 엎드려 기도하다가 자식을 얻었다. 태의 문이 열려 사무엘을 낳았다. 히스기야는 죽음을 선고 받고 돌베개를 안고 기도하다가 생명을 연장 받았다. 이사야는 절망 중 돌베개를 찾았을 때 숯불이 나타났고 역사를 이끌어 가는 사명을 받는 꿈을 꾸게 되었다.

예배하는 모든 시간! 바로 당신의 머리에 사닥다리가 있고 돌베개가 놓여 있다. 교회는 하늘 문을 여는 꿈꾸는 곳이다. 왜 기도하지 않는가? 왜 돌베개의 꿈을 기대하지 않는가? 왜 꿈을 갖지 않는가? 인생의 방황은 예수를 만나 꿈을 꾸는 그 시간에 끝이 난다. 신앙의 방황은 좋은 교회를 만나 '여기가 내 교회구나. 여기에 나를 위한 축복이 예비되어 있었구나' 하며 꿈꾸는 그 시간에 끝난다.

찬송은 성도를 영광스럽게 하는 꿈이다. 기도는 닫힌 하늘 문을 여는 꿈이다. 말씀은 성경의 말씀과 약속을 나의 것으로 만드는 꿈이다. 헌금은 이 땅에서의 삶에 복을 받는 씨앗이다. 축도는 나를 세상의 승리자로 파송하는 꿈이다.

야곱을 보라. 꿈을 꾸고 돌베개 세워 성전 삼고 예배한 후 새로운 꿈을 꾼다: "이제는 버림받은 인생이 아니라, 하나님이 함께하시면 나는 승리자가 된다. 나는 부모, 형제, 고향으로부터 버림받은 인생이 아니라, 성공하고 돌아오기 위해 지금 떠나갈 뿐이다."

언제나 역사는 꿈꾸는 사람들의 몫이다. 미래는 꿈꾸는 사람들의 손에 맡겨지게 될 것이다. 인류에게 큰 꿈을 주는 교회, 하늘 꿈을 알려 주는 교회, 인류의 유일한 꿈이 무엇인지를 가르쳐 주는 교회, 한국의 소망, 한민족의 소망이 되고자 하는 교회. 이 교회는 젊은이들, 어린이들에게 그 꿈을 한가득 심어 주는 교회다. 꿈꾸는 교회, 당신과 더불어 미래의 꿈을 펼쳐 가게 될 것이다.

7강

최종병기: 사랑

(창 29:1~20)

"야곱이 길을 떠나 동방 사람의 땅에 이르러 본즉 들에 우물이 있고 그 곁에 양 세 떼가 누워 있으니 이는 목자들이 그 우물에서 양 떼에게 물을 먹임이라 큰 돌로 우물 아귀를 덮었다가 모든 떼가 모이면 그들이 우물 아귀에서 돌을 옮기고 그 양 떼에게 물을 먹이고는 우물 아귀 그 자리에 다시 그 돌을 덮더라 야곱이 그들에게 이르되 내 형제여 어디서 왔느냐 그들이 이르되 하란에서 왔노라 야곱이 그들에게 이르되 너희가 나홀의 손자 라반을 아느냐 그들이 이르되 아노라 야곱이 그들에게 이르되 그가 평안하냐 이르되 평안하니라 그의 딸 라헬이 지금 양을 몰고 오느니라 야곱이 이르되 해가 아직 높은즉 가축 모일 때가 아니니 양에게 물을 먹이고 가서 풀을 뜯게 하라 그들이 이르되 우리가 그리하지 못하겠노라 떼가 다 모이고 목자들이 우물 아귀에서 돌을 옮겨야 우리가 양에게 물을 먹이느니라 야곱이 그들과 말하는 동안에 라헬이 그의 아버지의 양과 함께 오니 그가 그의 양들을 치고 있었기 때문이더라 야곱이 그의 외삼촌 라반의 딸 라헬과 그의 외삼촌의 양을 보고 나아가 우물 아귀에서 돌을 옮기고 외삼촌 라반의 양 떼에게 물을 먹이고 그가 라헬에게 입맞추고 소리 내어 울며 그에게 자기가 그의 아버지의 생질이요 리브가의 아들 됨을 말하였더니 라헬이 달려가서 그 아버지에게 알리매 라반이 그의 생질 야곱의 소식을 듣고 달려와서 그를 영접하여 안고 입맞추며 자기 집으로 인도하여 들이니 야곱이 자기의 모든 일을 라반에게 말하매 라반이 이르되 너는 참으로 내 혈육이로다 하였더라 야곱이 한 달을 그와 함께 거주하더니 라반이 야곱에게 이르되 네가 비록 내 생질이나 어찌 그저 내 일을 하겠느냐 네 품삯을 어떻게 할지 내게 말하라 라반에게 두 딸이 있으니 언니의 이름은 레아요 아우의 이름은 라헬이라 레아는 시력이 약하고 라헬은 곱고 아리따우니 야곱이 라헬을 더 사랑하므로 대답하되 내가 외삼촌의 작은 딸 라헬을 위하여 외삼촌에게 칠 년을 섬기리이다 라반이 이르되 그를 네게 주는 것이 타인에게 주는 것보다 나으니 나와 함께 있으라 야곱이 라헬을 위하여 칠 년 동안 라반을 섬겼으나 그를 사랑하는 까닭에 칠 년을 며칠 같이 여겼더라"

영화 〈최종병기 활〉

당신 인생의 최종병기는 무엇인가? 마지막까지 놓지 말아야 할 가장 소중한 인생 무기는 무엇인가? 김한민 감독의 〈최종병기 활〉이란 영화가 있다. 이 영화는 단순한 줄거리로 쏠쏠한 재미를 준다.

역적으로 몰린 조선의 무장 아버지가 살해당하고 주인공 남이는 아버지의 유언을 받들어 누이동생 자인을 끔찍이도 사랑한다. 그런데 이토록 사랑하는 동생 자인이 병자호란으로 혼인식 날 청나라 군사들에게 끌려가게 된다. 주인공 남이는 아버지가 남겨 준 최종병기 활 한 자루를 들고 청나라 군사들의 심장부를 쫓고 쫓아 사랑하는 동생 자인을 구한다는 애기다. 남이가 쏘는 생동감 넘치는 활은 가족을 구하고자 하는 뜨거운 사랑을 잘 표현해 준다. 엄청난 청군을 상대하며 남이라고 왜 두려움이 없었겠는가? 그러나 남이는 두려움은 피하는 것이 아니라 직시하는 것이라고 말한다. 그리고 거친 바람은 계산하는 것이 아니라 극복하는 것이라고 말한다. 그렇다. 가족을 살리고자 하는 마음은 죽음의 두려움을 직시하고 거세게 부는 인생의 바람을 극복하게 해 준다.

인생 한복판에서 두려운 일들이 없을 수 없고, 인생의 모진 바람이 없을 수도 없다. 때문에 두려움과 바람이 없기를 기도할 수는 없다. 대신 우리는 그 모든 것을 이길 수 있는 힘을 얻어야 한다.

"사랑 안에 두려움이 없고 온전한 사랑이 두려움을 내쫓나니"(요일 4:18).

인생의 두려움과 바람을 이기는 최종병기는 사랑이다. 본문은 인생 최종병기의 비밀을 알았기에 한없이 수고하고도 행복할 수 있었던 한 사나이의 이야기다.

하나님과 함께 펼치는 인생 드라마

야곱의 생애를 살펴보노라면 분명 한 편의 드라마다.

드라마엔 주제가 있다. 이 장에서 살펴볼 드라마의 주제는 '최종병기-사랑의 힘'이다.

야곱의 생애를 무대에 올려 보자. 제1막은 쌍둥이 형제가 어머니 태중에서 싸우다 아우가 형의 발뒤꿈치를 붙잡고 태어나는 장면이다. 제2막은 야곱이 형 에서로부터 팥죽 한 그릇에 장자의 명분을 빼앗는 내용이다. 제3막은 야곱이 형 에서에게 돌아갈 축복을 눈먼 아버지까지 속이고 가로채는 이야기다. 제4막은 에서의 분노를 피하여 외삼촌 라반의 집으로 도망가다가 깊은 밤 벧엘에 누워 사닥다리를 오르내리는 하늘의 신비를 보는 꿈 이야기다.

창세기 28장에 보면, 야곱은 돌베개를 하고 누워 하나님의 사자가 하늘과 땅을 오르내리는 꿈을 꾼다. 이 꿈을 통하여 야곱은 하나님 앞에서 몇 가지 소중한 체험을 하게 된다. 빈들에서 야곱을 만나 주신 하나님은 이 못난 도망자를 야단치지 않으셨다. 오히려 격려하고 위로하고 꿈을 주셨다.

첫째, 사닥다리마냥 하늘에 닿아 있는 너의 꿈이 반드시 이루어질 것이라는 확신이다. 둘째, 그 꿈을 다 이루기까지 하나님께서 야곱을 떠나지 않겠다는 약속이다. 지금까지 야곱은 하나님이 조부 아브라함의 하나님, 아버지 이삭의 하나님인 줄로만 알았는데, 그 전능하신 하나님이 바로 나의 하나님이라는 사실을 알게 되었다. 아버지 곁을 떠난 이 인생길이 나 홀로 가는 길인 줄 알았는데, 전능하신 하나님이 나와 함께하시는구나 하며 야곱은 이 사실에 울고 또 울었다. 마지막으로 셋째, 하나님이 야곱이 있는 그 자리에 함께 계신다는 깨달음이다. "두렵도다 이 곳이여 이것은 다름 아닌 하나님의 집이요 이는 하늘의 문이로다." 그래서 베고 자던 돌을 세워 성전 기둥을 삼고 거기서 무릎 꿇어 예배드린다. 길바닥에 굴러다니는 돌이 기도의 돌이 되고 성전의 기둥이 된다. 이 돌멩이의 변화 과정을 통해 야곱은 자신의 존재적 변화를 보여 준다.

제5막이 펼쳐지기 전, 야곱이 벧엘에서 꿈꾼 얘기는 야곱 드라마에 있어서 대단히 중요한 의미를 가지고 있다. 여기서 만난 하나님 체험은 두려움을 직면하는 제5막에서 승리하는 힘이 되기 때문이다. 여기서 받아 둔 은혜, 여기서 쌓아 놓은 은혜를 통해 제5막을 승리로 펼쳐

가기 때문이다.

하나님을 만난 야곱은 새사람이 되었다. 새로운 세계가 열렸다. 두려움, 실패, 거짓된 자아, 상처가 다 치료되었다. 새로운 세계로 나아가기 위해서는 과거와 단절해야 한다. 쓰라린 실패와 상처를 미래로 안고 가지 말아야 한다. 낡은 병기, 곧 미움과 상처를 버리고 최종병기인 사랑의 힘을 얻어야 한다.

이제 제5막이 펼쳐진다.

은혜 받은 발걸음

"야곱이 길을 떠나 동방 사람의 땅에 이르러"(29:1).

벧엘에서 외삼촌 라반의 집까지 가는 거리는 직선 거리로만도 약 640㎞, 약 1,600리 정도가 된다. 부산에서 평양까지 거리보다 조금 더 된다. 비행기를 타고 간다면 금방 갈 수 있는 거리다. 그러나 걸어서 1,600리를 가야 한다면, 그것도 길 없는 땅을 혼자서 가야 했으니 얼마나 힘든 여행이었겠는가? 하나님의 인도가 없이는 목적지에 도달할 수 없는 여행이었다.

이 길을 떠나는 야곱을 개역개정 성경에서는 "길을 떠나"라고 기록하고, 개역한글에서는 "야곱이 발행하여"라고 기록한다. 이 말은 발을 힘차게 쳐들었다는 뜻이다. 첫발을 힘차게 내디뎠다는 말이다. 벧엘에서 은혜를 받고 보니 비록 힘든 여행길이지만 그는 힘차게 첫발을 내디딜 수 있었다. 두려움이 예상되는 길이지만 즐겁게 여행을 시작할 수 있었다. 먼 길도 가깝게 느껴졌다. 험한 길도 즐겁기만 했다.

우리네 인생길은 어떤가? 지금까지 살아온 길도 힘이 들었는데 세상은 더욱 강퍅해져 간다. 앞으로 펼쳐 갈 인생 여행을 생각해 보면 야곱의 1,600리 여행만큼이나 고되게, 그리고 두렵게 느껴진다. 어떻게 우리가 내일을 향해 힘찬 걸음을 내디딜 수 있을까?

결론은 자명하다. 은혜 받아야 한다. 능하신 하나님이 나와 함께하셔야 한다. 비록 현실이 어렵게 느껴져도 하늘에 닿을 만한 꿈을 가져야 한다. 이럴 때일수록 하나님을 만나야 한다. 하나님이 나를 사랑하고 계시구나, 나는 하나님을 사랑한다 하는 이 사랑의 확신이 흔들리지 말아야 한다. 그래야 인생 바람을 극복해 낼 수 있다.

> "나는 여호와니 너의 조부 아브라함의 하나님이요 이삭의 하나님이라 네가 누워 있는 땅을 내가 너와 네 자손에게 주리니"(창 28:13).

> "내가 너와 함께 있어 네가 어디로 가든지 너를 지키며 너를 이끌어 이 땅으로 돌아오게 할지라 내가 네게 허락한 것을 다 이루기까지 너를 떠나지 아니하리라"(창 28:15).

그렇다. 은혜 받고 나면 현실이 좀 어렵고 구차할지라도 마음에 평안이 있고 기쁨이 있게 된다. 천국이 어디인가? 하나님이 나와 함께 계시는 그곳이 천국이다.

> "이것은 다름 아닌 하나님의 집이요 이는 하늘의 문이로다"(창 28:17).

초막이나 궁궐이나, 내 주 예수 모신 곳이 그 어디나 하늘나라인 것이다!

사랑할 수 있음이 감사하다

창세기 29장 4절에 보면, 야곱이 하란에서 만난 양치기들을 보고 "내 형제여"라고 말한다. 이 말은 야곱에게 있어서 대단히 중요한 말이다. 지금까지 야곱에게 있어서 그가 만난 모든 사람은 경쟁의 대상이었다. 심지어 형님마저 이겨야 할 대상이었다. 그러나 은혜를 받고 보니 모든 사람들이 경쟁의 대상이거나 원수가 아니라 형제로 보이기 시작했다. 은혜 받으면 모든 사람이 밉지 않고 사랑스럽게 보인다. 은혜 받은 사람들의 간증에는 공통점이 있다. "자연도 사람도 모두가 새 하늘 새 땅처럼 아름답게 보이더라"는 것이다. 그리고 낯선 그들과 신나게 얘기를 주고받는다. 지금까지 우울증 환자 야곱에게서는 도무지 볼 수 없었던 모습이다. 인생에서 가장 낡은 무기, 버려야 할 무기가 있다면 미움이요, 갈고닦을 최종병기가 있다면 '사랑'이다.

은혜의 절정기에 있을 때 야곱은 라헬을 만난다. 라헬을 만나는 순간 첫눈에 반한다. 그 사랑의 힘이 얼마나 놀라운 것인지, 라헬을 위하여 우물을 막아 두었던 무거운 돌 뚜껑을 번쩍 들어 버린다. 사랑의 힘이 없는 사람들은 그것을 들기 위해 많은 사람들이 모여서 힘을 써야 하는데, 최종병기를 가진 야곱은 사랑의 힘으로 바위를 번쩍 들어 치운다.

사랑하면 돌도 무겁지 않다. 세상이 어려워도 힘들지 않다. 작은 일 해 놓고 무겁다고 소리치지 않는다. 괴롭다, 힘들다, 어렵다, 고달프다, 큰일 났다, 걱정이다…. 이는 다 최종병기인 사랑을 잃어버려서 하는 소리다. 은혜 잃어버린 사람들의 한숨 소리다. 교회에서도 은혜 받고 나면 교회의 무거운 돌을 내가 들고 싶어진다.

더 나아가 오늘 본문 몇 절이 흐르는 사이 야곱의 가슴에 쌓인 사랑은 이제 감격의 눈물이 되어 흐르기 시작한다: "야곱이 그의 외삼촌 라반의 딸 라헬과 그의 외삼촌의 양을 보고 나아가 우물 아귀에서 돌을 옮기고 외삼촌 라반의 양 떼에게 물을 먹이고 그가 라헬에게 입맞추고 소리 내어 울며"(창 29:10~11). 반가운 친족에게 입을 맞추는 것은 당시 인사법이었다. 그러나 소리 내어 울었다는 것은 인사 이상의 감사였다. 감격의 눈물이었다. 하나님이 함께하셨다는 사실에 흥분한 것이다. 예수 잘 믿는 사람들에겐 이런 흥분이 있다. 당신의 마음에 이런 흥분이 사라졌다면 지금 잘못 살고 있는 것이다. 신앙생활을 잘못하고 있는 것이다.

하나님이 약속하신 대로 내가 이곳까지 무사히 도착하게 되었구나! 벧엘에 친히 나타나셔서 나를 지켜 주시겠다고 약속하시던 그 하나님이 분명 나를 보호해 주셨구나! 나를 통하여 하나님의 뜻이 이루어지고 있구나! 공의로우신 하나님을 향한 경외의 눈물이었다. 하나님 안에서 자신의 꿈이 이루어지고 있다는 사실에 대한 감격과 흥분의 눈물이었다.

지금 사랑이 넘치고 있는 야곱은 오늘 밤 어디서 잠을 잘까, 오늘 밤 무엇을 먹을까, 내가 얼마를 벌 수 있을까 하는 문제에 대해 아무런 관심이 없다. 다만 하나님이 나와 동행하고 계시다는 그 한 가지 사실 때문에, 미치도록 사랑하고픈 사람을 만났다는 그 한 가지 사실 때문에, 하나님이 나를 인도하고 계신다는 한 가지 사실 때문에, 죽든지 살든지, 고난이 있든지 없든지, 망하든지 흥하든지, 하나님의 거룩한 뜻이 내 안에서 이루어지고 있다는 한 가지 사실 때문에 야곱은 눈물로 감사할 수 있었다. 소리 내어 울었다. 감격의 눈물을 흘렸다.

7년을 수일 같이

이렇게 하여 야곱은 타향 하란에서 라반의 일을 도우며 살아간다. 외삼촌 라반이 열심히 일하는 야곱을 보고 이런 제안을 한다: "너는 참으로 내 혈육이로다 … 네가 비록 내 생질이나 어찌 그저 내 일을 하겠느냐 네 품삯을 어떻게 할지 내게 말하라"(창 29:14~15). 이때 야곱은 눈에 보이는 재물을 요구하지 않았다. 최종병기를 선택했다. 라헬을 아내로 주시면 그 대가로 7년을 봉사하겠다고 말한다. 사랑을 선택했다.

창세기 저자는 이 대목에서 참으로 멋진 해석을 붙인다: "야곱이 라헬을 위하여 칠 년 동안 라반을 섬겼으나 그를 사랑하는 까닭에 칠 년을 며칠 같이 여겼더라"(창 29:20). 정말 아름다운 연애였다. 이것이 행복이다. 사랑은 돈보다 귀하다. 사랑은 행복한 삶의 기본이다. 그래서 행복의 최종병기다.

당신은 미치도록 행복감에 젖어 본 적이 있는가? 그때가 언제였는가? 미칠 만큼 좋은 일거리가 있을 때, 미치도록 사랑할 만한 사람을 만났을 때, 그때가 아니었는가? 그래서 야곱에겐 7년이라는 세월이 수일처럼 지나갔다. 시간이 문제가 될 수 없고, 고생이 문제가 될 수 없다. 사랑을 얻을 수 있다면 평생이라도 바칠 생각이었다. 그것이 행복의 최종병기임을 알았기 때문이다.

우리 집 아이가 꽤 커서 유치원에 갈 때까지 내 어머니께서 손자를 업고 다니셨다. 보다 못한 내가 "제 발로 걸어가게 좀 내려놓으세요"라고 말했다. 그러나 어머니는 아이 핑계를 대시며 그냥 업고 가신다. 내가 볼 때는 아이 때문이 아니고 어머님이 좋아서 업고 가시는 것으로 보였다. 이게 사랑이다. 사랑은 힘든 줄 모른다. 주님을 사랑하면 주를 위해 무엇이든 할 수 있고, 어디든 갈 수 있다. 가정에 힘겹고 어려운 일이 있는가? 그럴수록 서로 간에 사랑을 확인해야만 이 힘든 세상을 승리하며 살 수 있다. 하나님에 대한 열정과 사랑이 식으면 작은 일을 하고도 힘에 겨워진다. 최종병기를 상실하고서는 인생 전쟁터에서 승리할 수가 없다.

그렇다. 사랑은 봉사의 원동력이다. 사랑에는 삶의 권태가 있을 수 없다.

> 나의 기쁨 나의 소망되시며 나의 생명이 되신 주
> 밤낮 불러서 찬송을 드려도 늘 아쉬운 마음뿐일세
>
> (새찬송가 95장)

드리고 또 드려도 "늘 아쉬운 마음뿐일세".
예배하고 또 예배해도 "늘 아쉬운 마음뿐일세".
사랑하고 또 사랑해도 "늘 아쉬운 마음뿐일세".
사랑할 때는 보고 있어도 보고 싶어진다. 사랑 안에 사명이 있기 때문이다. 사랑 안에 능력이 있기 때문이다. 사랑해야 역사가 나타나기 때문이다. 사랑해야 생명 다 바쳐도 기쁨이 되기 때문이다. 충성하고 또 충성해도 늘 아쉬운 마음뿐인 이유는 사랑하기 때문이다. 이것이 사랑의 신비요, 삶의 신비다. 그래서 인생의 권태와 고통을 이기는 병기는 사랑이다.

사랑만이 영원하다

인생이 무엇인가? 거기에 대한 대답을 이것저것 꿰어 맞춰 보지만 왠지 어색하다. 그러나 인생은 사랑이다. '인생은 곧 사랑이다' 라는 도식에는 별 이의가 없을 것이다. 사랑의 상처는 곧 인생의 상처다. 사랑의 퇴색은 인생의 퇴색이요, 사랑의 오염은 곧 인생의 오염이다. 사랑의 기쁨을 얻고 나면 인생의 기쁨을 얻게 되고, 사랑의 승리자가 곧 인생의 승리자다. 그렇다. 사랑의 신비를 모르면 아직 인생의 신비를 모르는 것이다. 최종병기를 잃고 전쟁터에 나서는 것과 같다. C. S. 루이스는 이렇게 말한다: "천국은 날마다 만나는 가슴 설레는 첫사랑의 향연이다." 첫사랑 안 해 봤으면 무슨 소리인 줄 모른다.

한 나그네가 파란만장한 삶을 마치고 영원의 세계로 떠났다. 이 나그네는 이세상과 저세상을 가로막는 요단강가에 섰다. 이 사람을 안내하는 천사가 물었다: "이 요단강 물을 마시고 저 영원의 세계에 들어가길 원하는가?" "이 강물을 마시면 어떻게 되나요?" "당신이 가진 인생의 모든 추억들을 까마득히 잊어버리고 저세상에 가게 될 것이다." "나는 얼른 이 물을 마시고 싶습니다."

"왠가?" "인생이 너무 고달팠습니다. 고픈 배를 움켜쥐고 울어야 되었고, 사업이 무너지고 직장에서 쫓겨나는 고통을 경험해야 했습니다." "당신이 이 물을 마시면 그 고통도 잊어버리겠지만, 사랑하는 사람들과 빵 한 조각을 나누어 먹었던 행복한 순간도 잊어버리게 될 것이다. 그러면 당신이 신뢰했던 수많은 사람들과의 아름다운 관계, 당신이 사랑했던 많은 추억들도 잊어버리게 될 것이다." 사랑을 잊어버린다는 말 때문에 이 사람은 물을 마시지 않고 조용히 배를 타고 요단강을 건넜다. 사랑했던 기억도, 사랑받았던 기억도 잊어버린다는 것이 얼마나 두려운 것인지 알았기 때문이다.

우리가 천국에 갈 때 꼭 가져가는 몇 가지가 있다고 한다. 다른 것 다 이 땅에 놓고 가지만 자기 자신은 가지고 간다. 때문에 당신의 인격과 삶의 경험들은 소중한 것이다. 그것은 영원히 간직하고 갈 것이기 때문에. 또한 당신이 전도했던 영혼들과 함께 천국에 들어가게 될 것이다. 전도했던 흔적을 면류관으로 안고 천국에 들어가게 될 것이다. 뿐만 아니라 사랑했던 소중한 경험들을 안고 하나님 앞에 서게 될 것이다. 이 땅을 살아가는 가운데 하나님을 사랑했던 아름다운 경험들, 하나님을 찬양했던 영광스러운 경험들을 가져가게 될 것이다. 하나님께서 우리에게 맡겨 주신 교회를 어떻게 섬기고 사랑했는가? 교회를 사랑했던 아름다운 기억들과 아름다운 경험들을 간직하고 갈 것이다. 당신의 가족과 우리에게 주신 소중한 교우들, 내 주변의 소중한 친구들과 어떤 사랑을 나눴는가? 사랑의 아름다운 경험을 가지고 하나님 앞에 서게 될 것이다. 그래서 사랑은 언제까지 떨어지지 않는다고 말하는 것이다. 신앙의 모든 형태가 다 사라진 그때에도 사랑은 떨어지지 않는다. 때문에 많은 것을 잃어버려도 사랑을 잃어버리지 않았다면 당신은 인생의 승리자다. 당신이 하는 모든 일들이 하나님을 사랑해서 하는 일이 아니었다면 당신은 인생의 실패자일 수밖에 없다.

사랑 때문에

그만큼 살았으면, 그만큼 믿었으면 이제 인생을 보는 시각을 좀 달리하도록 하자. 물질이 어떻고 직위가 어떻고 신분과 체면이 어떻고 하는 물량가치적 인생관을 좀 접어 두자. 이제 내 인생의 질문을 바꾸자. 나는 사랑의 승리자가 되었는가? 작년보다 올해 내 사랑은 성장하고 있는가? '나 - 사랑 = 0', 곧 "나로부터 사랑을 빼고 나면 내 인격도, 내 신앙도, 내 소유도, 내 행복도, 내 기쁨도, 아무것도 남는 것이 없습니다"를 선언하고 살자.

인생의 최종병기가 무엇인가를 가르쳐 주는 고린도전서 13장 사랑 장에서는 "사랑이 없으면 내가 아무 것도 아니요"라고 말한다. 인생의 평가 기준은 오직 하나, 사랑이 있느냐 없느냐의 문제다. 정말 사랑해서 하는 일이냐는 것이다. 20년 동안 한 남편을 섬기며 가정을 위해 헌신적으로 봉사했다 할지라도 그 속에 사랑이 없으면 아무것도 아니다. 쫓기듯 살아왔던 하루하루가 어느새 기쁨이 아닌 짜증으로 바뀌고, 감사가 아닌 신세타령으로 순식간에 전락하고 만다. 사랑 없는 수고는 아무것도 아니다. 본인도 불행이요, 그 손으로 지은 음식을 먹고 살아가는 가족도 불행이다.

실패와 성공의 기준이 무엇인가? 사랑을 얻었느냐 잃었느냐의 문제다. 많은 돈을 벌었으나 사랑을 잃었다면 그는 실패자다. 세상에서 출세했다고 칭찬을 들었으나 사랑이 오염되었다면 그는 실패자일 수밖에 없다.

왜 그토록 피곤해 하는가? 그 조그마한 일에 왜 그토록 짜증이 나는가? 사랑을 잃어버렸기 때문이 아닌가? 사랑은 기쁨이다. 사랑은 감격이다. 사랑은 행복이다. 사랑에는 폭발하는 힘이 있다. 사랑하면 7년이 수일 같아진다. 무슨 말인가? 사랑은 시간을 정복한다. 사랑은 수고를 정복한다. 사랑은 한 많은 세월을 정복한다. 사랑은 미래의 불안을 정복한다.

중국의 문화혁명 때 여러 해 동안 갇혀 있다 풀려난 중국 신앙인의 이야기다. 그는 자기 사무실에서 근무하다가 갑자기 체포되었다. 당시 그의 아들은 일곱 살이었다. 그는 여러 해 동안 감옥 속에서 지내야 했다. 수많은 고통이 있었지만 그의 삶에 의욕을 안겨다 준 것이 있었다. 그는 눈이 오나 비가 오나 하루도 거르지 않고, 새벽이면 어김없이 붉은 연이 하늘을 나는 것을 감옥 창 틈 사이로 보았다. 그것은 어떤 신호였다. 전에 어린 아들과 함께 연을 날릴 때 언제나 연줄을 꽉 쥐고 놓치지 말라고 일렀었다. 아들은 그것을 잊지 않고 아버지가 보도록 매일 새벽 연을 날리는 것이었다. 이제는 그 아들의 신호에 따라 자신의 삶의 줄을 굳게 쥐어야 할 차례였던 것이다. 그는 감옥 한가운데서 수많은 좌절이 자기를 침몰시키려는 순간마다 가슴속에서 붉은 연, 곧 삶을 향한 불길이 타오르는 것을 느꼈다.

현재 당신 몸에 병이 있고 직장과 사업이 어려워도 하나님 사랑하는 끈을 놓지 말자. 그것이 바로 당신을 행복하게 하는 끈이기 때문이다. 교회 일하다가 상처받고 인간관계에 갈등이 있어도 교회를 사랑하는 끈을 꽉 붙들자. 교회생활, 예배생활에 행복을 잃으면 만사에 재미가 없다. 교회를 아끼고 사랑하는 것이 주님을 사랑하는 것이다.

내게 맡겨진 가족과 사람들을 사랑하자. 그 사랑의 경험을 안고 우리는 천국에 갈 것이다. 먼 훗날 당신이 떠난 자리에 사랑의 싹이 돋고, 사랑이 꽃피고, 사랑의 열매가 남게 하자. 당신 인생을 승리로 이끄는 최종병기는 사랑이다. 당신 인생을 행복으로 인도하는 최종병기는 사랑이다. 사랑하면 평생을 살고도 아쉬움으로 가득하다.

"그를 사랑하는 까닭에 칠 년을 며칠 같이 여겼더라"

8강

레아의 감사

(창 29:31~35)

"여호와께서 레아가 사랑 받지 못함을 보시고 그의 태를 여셨으나 라헬은 자녀가 없었더라 레아가 임신하여 아들을 낳고 그 이름을 르우벤이라 하여 이르되 여호와께서 나의 괴로움을 돌보셨으니 이제는 내 남편이 나를 사랑하리로다 하였더라 그가 다시 임신하여 아들을 낳고 이르되 여호와께서 내가 사랑 받지 못함을 들으셨으므로 내게 이 아들도 주셨도다 하고 그의 이름을 시므온이라 하였으며 그가 또 임신하여 아들을 낳고 이르되 내가 그에게 세 아들을 낳았으니 내 남편이 지금부터 나와 연합하리로다 하고 그의 이름을 레위라 하였으며 그가 또 임신하여 아들을 낳고 이르되 내가 이제는 여호와를 찬송하리로다 하고 이로 말미암아 그가 그의 이름을 유다라 하였고 그의 출산이 멈추었더라"

마지막 강의

남편은 경제학과 교수인데 자신은 경제 용어를 잘 모르는 부인이 있었다. 인플레이션이 뭔지 이해가 도무지 안 되었다.

"여보, 돈이 많아졌는데 실제로 많아진 건 아니라니, 도대체 인플레이션이 뭐야?"

경제학과 교수인 남편이 아주 쉽게 대답했다.

"여보, 우리가 결혼했을 땐 당신이 48kg, 34-23-35였잖아. 그런데 지금은 당신이 78kg, 40-34-40이야. 당신의 살이 많아졌지만 당신의 가치는 뚝 떨어졌다는 뜻이지."

부인은 금방 이해가 되었다.

쌓이는 세월 속에 신앙 연조는 늘었지만 기쁨과 행복,

충성과 헌신은 줄어들고 인정, 욕구, 불평, 원망만 늘지는 않았는가? 신앙 인플레이션이다.

2007년 9월 18일, 미국의 카네기 멜론대학 강당에서 46세의 젊은 교수 랜디 포시(Randolph Frederick Pausch) 박사가 강연을 했다. "당신의 어릴 적 꿈, 진짜 이루기"라는 제목으로 400여 명의 교수와 학생들 앞에서 한 그의 강연은 너무나도 재미있고 희망적이며 강의 시간 내내 활기가 넘치고 있었다.

그 당시 강연을 하고 있는 랜디 포시 박사는 췌장암 말기로 사형선고를 받고 죽음을 기다리는 사람이었다. 그래서 그 강연회는 'Last Lecture', 곧 '마지막 강의'라는 제목이 붙었다. 그의 마지막 강연은 동영상으로 전 세계에 전송되어 무려 1천만 명이 강연을 듣고 보았다.

유명한 방송가 오프라 윈프리(Oprah G. Winfrey)가 그의 강연을 듣고는 이 사람이 진짜 죽음을 눈앞에 둔 사람이란 말인가 믿어지지가 않아 물었다. 마지막 투병 중에 어떻게 이런 강연을 할 수 있느냐고. 그때 랜디 포시 박사는 생각할 필요도 없이 바로 대답했다: "내가 죽고 난 다음 엄마와 함께 이 세상을 살아가야 할 세 자녀를 생각했기 때문입니다."

그 이후 랜디 포시는 힘을 내 〈오프라 윈프리 쇼〉에서 토크쇼를 한다. 이 토크쇼를 보고했던 〈월스트리트저널〉(The Wall Street Journal)은 타이틀을 "죽음 앞에서도 매일매일 감사하는 남자"라고 뽑았다. 그가 말하는 매일 감사의 원리는 6가지 정도다.

1. 감사를 묻어 두지 말고 표현하십시오. 감사할수록 당신은 행복하고 위대한 삶을 살게 됩니다.
2. 행복과 꿈을 이루기 위해 항상 준비하십시오. 준비된 자만이 기회를 만납니다.
3. 실패와 실수는 끝이 아니라 새로운 시작입니다. 당신 때문에 그 실수로 상처를 입은 사람들에게 진심으로 사과하십시오. 사과는 당신을 다시 태어나게 해 줍니다.
4. 항상 상대와 문제의 좋은 면을 보십시오. 그러면 언제나 감사할 수 있습니다.
5. 경청하십시오. 누구든 상대를 존중하고 자신을 낮추어 경청하십시오.

6. 내일을 두려워하지 말고 오늘 이 순간을 감사함으로 즐기십시오.

'매일매일 감사하는 남자' 랜디 포시는 췌장암 말기로 사형선고를 받은 지 1년 만에 감사를 남기고 죽었다.

내겐 왜?

어리석은 사람은 매일매일 감사거리를 찾는 것이 아니라 불평거리를 찾는다.

- 다른 사람은 능력 있는 부모 만나 인생을 저토록 쉽게 들 사는데, 나는 왜 이처럼 못난 가정에서 태어났을까?
- 나는 왜 이처럼 허약한 몸으로 태어났을까?
- 우리 가정에는 왜 이리도 힘들고 어려운 일들이 많을까?
- 나는 왜 이리도 자랑스럽지 못한 외모를 갖고 태어났을까?

- 우리 가정은 왜 물질적인 고통을 안고 평생을 살아갈까?
- 다른 것은 몰라도 똑똑하고 착한 자식 좀 주시지.
- 하나님이 공평하신 분이라면, 하나님은 내게 어떤 복을 주셨단 말인가?

창세기 저자는 이 문제에 대해 우리에게 이렇게 교훈한다: "레아는 남편의 사랑을 받지 못했지만 당시 가장 자랑스러운 자식 잘 낳는 복을 받았다", "레아는 잘생기지 못한 얼굴을 갖고 있었지만 구속사의 족보를 차지했다", "이 세상 그 누구도 완전한 복을 받아 완전한 환경에서 사는 사람은 없다".

그렇다. 하나님께서 내게 주신 복이 무엇인가를 깨달으면 우리는 감사하는 삶을 살 수 있다.

- 부모로부터 물려받은 유산은 없지만 하나님은 내게 착한 아들을 주셨다.
- 똑똑한 머리는 좀 모자라지만 남부럽지 않은 건강을 주셨다.

- 세상에서는 힘든 일을 하고 살지만 행복한 가정을 주셨다.
- 토끼에겐 사자의 이빨은 없지만 언덕을 뛰어오를 수 있는 날쌘 발이 있다.
- 제비에겐 황소의 힘은 없지만 빨리 날 수 있는 날개가 있다.

내겐 나의 복이 있고, 나만의 재능과 은사가 있다. 행복은 다른 사람과 비교하지 않는 것이다. 하나님의 사람들은 비교급 인생을 살지 않고 최상급 인생을 산다. 내게도 남이 갖지 못한 은혜와 복이 있다. 내 장점 뽐낼 것도 없고, 남의 약점 비판할 것도 없다. 이 땅엔 모든 것 다 가진 행복자도 없고, 아무것도 못 가진 불행자도 없다. 그것 가졌다고 모두가 행복한 것도 아니다.

"내겐 왜?"라고 물으면 마음이 불행해진다.

"내게도!"라고 깨달으면 행복해진다.

끼워 팔기 작전

야곱의 외삼촌 라반은 자기 집으로 피난을 와 부지런히 일하는 야곱을 보고 말한다.

> "라반이 야곱에게 이르되 네가 비록 내 생질이나 어찌 그저 내 일을 하겠느냐 네 품삯을 어떻게 할지 내게 말하라"(창 29:15).

그때 야곱이 기뻐하며 숨겨두었던 마음을 드러낸다.

> "야곱이 라헬을 더 사랑하므로 대답하되 내가 외삼촌의 작은 딸 라헬을 위하여 외삼촌에게 칠 년을 섬기리이다"(창 29:18).

그렇게 7년 세월이 지나 결혼 첫날밤을 보내고 아침이 되어 일어났는데, 일어나 보니 옆에 누운 여인은 라헬이 아니라 첫째 딸 못생긴 레아였다. 그러나 야곱은 라헬을 포기하지 않고 다시 7년을 더 섬겨 마침내 라헬을 아내로 맞이한다. 야곱은 본의 아니게 두 자매를 동시에 아내로 맞게 된다. 사실 레아는 시집을 갈 만한 얼굴과 몸매가 못 되었던 모양이다. 그리하여 아버지의 끼워 팔기 작전에 의해 시집을 오게 된 것이다.

레아는 야곱이 사랑했던 여인도, 원했던 여인도 아니었다. 본문이 시작되는 창세기 29장 31절에서도 레아는 "사랑 받지 못함"이라고 기록한다. 여기 '사랑 받지 못했다'는 말은 '미워하고 싫어한다'는 의미인 '세누아'의 수동형으로, '적극적으로 미워하고 증오했다'는 뜻이다. 레아는 야곱이 사랑했던 여인, 원했던 여인이 아니었기 때문이다. 장인 라반의 속임수에 넘어가 억지로 떠맡은 여인이었기 때문이다. 그러니 레아에게 사랑이 갈 리가 없다. 그럼에도 불구하고 야곱이 계속 레아의 침실을 찾아 자식을 낳는다. 이런 일이 독자들에겐 쉽게 이해가 되지 않는다. 아마 이 당시 문화에서는 일단 결혼한 이상 아내에게 지켜야 할 최소한의 의무가 있었던 것 같다. 가령 한 달에 몇 번은 반드시 부부생활을 해야 한다는 식의 불문율 같은 것 말이다. 그런데 창세기 저자는 이처럼 잠깐의 의무 이행을 통해 자식을 갖게 되는 사건을 하나님이 간섭하시고, 하나님이 레아를 사랑하시고 돌보셔서 일어난 사건이라고 해석한다. 하나님의 돌보심이 없다면 하룻밤 잔다고 다 자식을 낳고 그러겠는가!

그 얘기다. "여호와께서 레아가 사랑 받지 못함을 보시고." 여기 "보시고"란 말은 레아가 남편에게 당하는 괄시와 미움을 안타까운 마음으로 "보시고" 그를 불쌍히 여기시어 라헬이 갖지 못한 자식 낳는 복을 주셨다는 뜻이다.

레위기 18장 18절에 이런 말씀이 있다: "너는 아내가 생존할 동안에 그의 자매를 데려다가 그의 하체를 범하여 그로 질투하게 하지 말지니라." 두 자매를 부인으로 얻는 일은 율법이 있기 전이라 할지라도 하나님의 백성에겐 있을 수 없는 일이었다. 그런데 본문에서 창세기 저자는 이방 풍습에 따라 두 자매를 아내로 얻는 야곱 가족에 대한 윤리적 평가를 내리지 않고 대단히 예외적인 사건으로 인정하고 넘어간다. 그리고 '여호와'라고 부르던 사람들은 하나님을 언제나 약자의 편이 되어 약자를 돌보시는 분으로 소개한다. 하나님은 레아에게 자식을 주시는 분으로 나타난다. 레아는 이런 하나님을 인정하고 하나님의 섭리를 받아들인다. 결국 레아는 굴욕적인 결혼과 가정생활 속에서도 기도하고 인내하여 이스라엘 12지파 가운데 6지파의 조상을 낳아 이스라엘 집을 세우게 된다.

연속 4안타

자손이 귀했던 아브라함 가문에서 남편의 사랑을 받지도 못하던 레아가 연달아 네 명의 아들을 출산했다는 것은 기적이다. 창세기 저자의 해석에 의하면 바로 그 일이 하나님의 돌보심으로 인한 은혜라는 것이다.

첫 아들을 낳고 레아는 그 아들의 이름을 '르우벤'이라고 부른다. 르우벤은 '보라!'는 '르우'와 '아들'이라는 '벤'이 합쳐져 '보라! 아들이다'라는 뜻이다. 그리고 레아는 그 이름을 이렇게 해석한다: "여호와께서 나의 괴로움을 돌보셨으니 이제는 내 남편이 나를 사랑하리로다"(창 29:32). 라헬은 나를 조롱하고 남편은 나를 멸시했지만, 하나님은 나를 돌보셔서 아들을 주셨다는 것이다.

둘째 아들의 이름은 '시므온'이라고 부른다. '들으심'이란 뜻이다. 레아는 이 이름의 의미를 이렇게 해석한

다: "여호와께서 내가 사랑 받지 못함을 들으셨으므로 내게 이 아들도 주셨도다"(33절).

셋째 아들은 레위다: "그가 또 임신하여 아들을 낳고 이르되 내가 그에게 세 아들을 낳았으니 내 남편이 지금부터 나와 연합하리로다 하고 그의 이름을 레위라 하였으며"(34절). 이 아들이 제사장 족속의 조상인 레위다.

넷째 아들은 다윗 왕가의 조상, 아니 예수 그리스도의 조상인 유다. 이 이름은 '찬송'이라는 뜻이다. 레아는 자식을 얻으면 남편의 사랑도 얻을 것이라 생각했다. 그러나 인간의 사랑을 기다리는 것은 목마름, 갈증을 더할 뿐이었다. "그렇다. 진정한 위로와 사랑은 오직 하나님께로부터 온다." 그래서 넷째 아들의 이름은 유다, 곧 '여호와를 찬송하리로다'란 뜻이다.

레아는 자식을 낳을 때마다 영적으로 성숙하여 간다. 넷째 아들을 낳으며 깨닫는다. 남편 야곱, 즉 세상, 물질, 성공, 인간적 사랑… 그것은 나의 진정한 만족이 못 된다고 고백한다. 아니, 얻지도 못하고 산산이 부서졌다. 세상적인 것을 포기하고 영원하신 하나님을 붙잡는다. 그리고 선언한다.

- 하나님은 내게 남편의 사랑이 목마를 때 하나님의 사랑을 주셨다.
- 내게 없는 것을 괴로워하지 않고 있는 것으로 감사하겠다.
- 순간적인 것에 목말라 하지 않고 영원한 구원, 영원한 사랑을 붙들겠다.

레아의 감사

레아는 어릴 때부터 예쁘지 않은 얼굴 때문에, 게다가 나쁜 시력으로 얼굴을 찡그리고 다녀야 했기에 콤플렉스, 곧 열등의식이 있었다. 부모들의 "저래가지고 어디 시집이나 갈 수 있으려나" 하는 숙덕공론에 많은 상처를 가지고 살았다. 어쩌다 끼워 팔기 작전에 걸려 시집을 왔고, 사랑받지 못하는 결혼생활에 환멸을 느낄 수도 있었을 것이다. 그러나 레아는 자학하지 않았다. 불평하지 않았다. 원망하지 않았다. 사람들을 붙들고 따지고 하소연하지도 않았다. 네 아들의 이름 속에 담긴 신앙고백이 보여 주듯이 하나님 앞에 엎드려 기도했다. 하나님의 계획과 뜻을 찬송하고 감사했다. 라헬을 미워하지도 않았고, 야곱을 공격하지도 않았다.

- 사람을 공격하지 말자. 하나님 사랑을 받지 못한다.
- 사람의 위로와 보상에 목을 매달고 살지 말자. 진정한 위로는 하나님께만 있다.
- 가까운 사람으로부터 기대했던 사랑이 돌아오지 않을 때 하나님께로 돌아가자. 참된 사랑은 하나님께만 있다.

이스라엘 구속사의 조상이 된 레아를 통하여 이스라엘 민족은 어떤 어려움이 닥쳐도 참고 인내하면 하나님이 도와주신다는 사실을 깨닫는다. 사랑받지 못하는 레아의 핏줄을 타고 이스라엘이 가장 존경하는 다윗이 태어나고 모세가 태어날 때 하나님의 사랑이 얼마나 위대한가를 깨닫게 된다. 하나님의 은혜가 얼마나 놀라운 것인가를 깨닫는다. 우리의 환경 속에서 불평거리를 먼저 찾으면 불평으로 온 지구를 채울 수도 있다. 그러나 감사거리를 먼저 찾으면 온 땅을 감사로 가득 채울 수가 있다.

어느 콜라 회사 사장이 처음 사우디에 진출하여 사우디 전역에 기가 막힌 선전 포스터를 큰 도로마다 붙이고 도전적 경영을 시도했으나 보기 좋게 망했다. 포스터 맨 앞 첫 번째 그림은 사막에 기진맥진 쓰러져 있는 미인의 그림이었고, 두 번째 그림은 콜라를 시원하게 마시는 그림, 마지막 세 번째 그림은 그 미인이 활기차게 대지를 박차고 뛰어오르는 그림이었다. 그런데 나중에 알게 된 사실은, 사우디 사람들은 오른쪽에서 왼쪽으로 글씨와 그림을 쓰고 본다는 것이다.

순서와 차례가 중요하다. 먼저 감사하자. 감사부터 하고 바라보자. 무조건 감사하자. 아무튼 감사하자.

야곱의 가정엔 네 명의 부인이 있었다. 그 속에 흐르는 미움, 질투, 시기, 갈등을 얼마든지 상상할 수 있다. 그러나 그 속에서도 기도할 수 있고 감사할 수 있다. 하나님의 계획은 그런 인간들의 약점과 허물 속에서도 도도하게 이루어진다. 열두 아들이 태어나 열두 지파를 이루어 간다. 이것이 구속사의 능력이다. 이것이 하나님의 은혜요, 레아의 감사다.

- 인간의 죄보다 하나님의 사랑은 크시다.
- 인간의 약점보다 하나님의 능력은 크시다.
- 하나님은 무자격자를 불러 하나님의 가족이 되는 자격을 주신다.
- 하나님은 믿음 없는 자를 불러 믿음의 조상이 되게 하신다.
- 하나님은 꿈 없는 자를 불러 희망이 되게 하신다.
- 하나님은 못난 자를 불러 잘난 자들을 부끄럽게 하신다.

이 신앙이 레아의 신앙이다. 이 감사가 레아의 감사다. 이것이 진정한 신앙이요, 감사다.

우리 시대의 레아, 문준경 전도사

매년 여름이면 나는 장로님들과 여름휴가를 함께 보낸다. 전남 신안군에 있는 작은 섬 증도에서 휴가를 보낸

적이 있는데, 그 섬은 오늘 우리 시대의 레아 같은 인물인 문준경 전도사의 전설 같은 선교 이야기가 있는 곳이다.

문준경은 1908년 17세의 나이에 신랑 얼굴도 보지 못한 채 중매결혼을 한다. 서로의 마음과 사랑이 합하지 못한 결혼생활은 외로움과 고통의 연속이었다. 외지를 도는 남편은 아내는 돌보지 않고 목포에서 소실을 얻어 자식까지 낳아 살았다. 이때부터 문준경은 남편 있는 생과부가 되어 오직 하나님만 의지하며 찬송으로, 기도로 세월을 보냈다. 지금의 서울신학대학교(당시 경성성서학원)에서 공부를 하고 전도사가 되어 이 작은 섬에 마을마다 교회를 세우고, 한 해에 아홉 켤레의 신발이 떨어질 만큼 미친 듯이 전도를 한다. 일제강점기엔 신사참배를 거부하다 죽도록 매를 맞고 고문을 당한다. 그리고 해방 후 공산주의자들의 손에 끌려 나가 피투성이가 된 채 순교한다.

이 작은 섬에 미친 그의 영향력이 얼마나 컸던지, 이 섬 주민의 70~80퍼센트가 복음화 되고, 그의 전도를 받은 사람들 중에서 한국 교회 신앙의 거목(김준곤 목사님, 이만신 목사님, 정태기 목사님)과도 같은 분들이 나왔다.

외로움과 고통 중에서도 그는 어느 마을에 가든지 동

구 밖에 서서 구성진 목소리로 찬양을 한다.

> 세상 만사 살피니 참 헛되구나
> 부귀공명 장수는 무엇 하리오
> 고대광실 높은 집 문전옥답도
> 우리 한 번 죽으면 일장의 춘몽

그러면 마을 사람들이 이곳저곳에서 몰려드는데, 이때 모인 사람들에게 예수를 전한다. 섬에 아픈 사람이 있으면 눈물로 기도했고, 섬에 장티푸스가 나돌 때도 "나는 홀몸이니 죽어도 행복이로다" 하며 아픈 사람을 돌보기 위해 이 마을 저 마을 뛰어다녔다.

문준경이 자신의 처지를 비관하고 자학하며 불평이나 하고 살았다면 자살이라도 했을 것이다. 술주정뱅이가 될 수도 있었을 것이다. '너만 그 짓 하냐? 나도 해 보자' 하며 방탕한 삶을 살 수도 있었을 것이다. 그러나 문준경은 하나님의 친구, 섬사람들의 친구, 그들의 의사요, 치료자, 천국의 안내자, 찝찔한 바다 냄새나는 사람들의 향기였다.

그의 외로움이 친절이 되었다. 그의 고통이 위로가 되었다. 배신한 남편의 사랑이 하늘의 사랑이 되었다. 이 땅의 방황이 천국의 길잡이가 되었다. 지금도 이 섬엔 문준경의 순교의 피가 흐르는 듯하다. 문준경의 복음의 능력이 숨결처럼 느껴진다.

하나님의 은총이 없었던 레아, 사랑받지 못했던 가련한 여인 레아의 감사를 통해 모세를 주셨고 다윗을 주셨다. 제사장 지파를 주셨고 왕족을 주셨다. 무엇보다, 그 가문을 통해 예수 그리스도를 주셨고, 만인간을 구원하셨다.

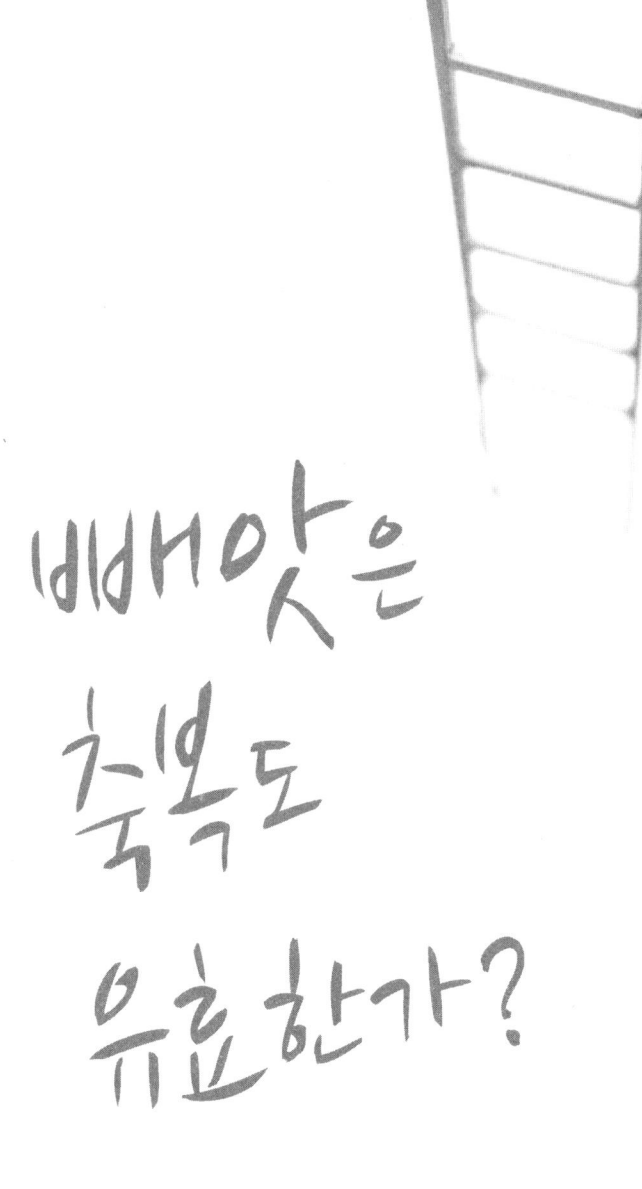

빼앗은 축복도 유효한가?

9강

희망의 새 아침

(창 32:24~31)

"야곱은 홀로 남았더니 어떤 사람이 날이 새도록 야곱과 씨름하다가 자기가 야곱을 이기지 못함을 보고 그가 야곱의 허벅지 관절을 치매 야곱의 허벅지 관절이 그 사람과 씨름할 때에 어긋났더라 그가 이르되 날이 새려하니 나로 가게 하라 야곱이 이르되 당신이 내게 축복하지 아니하면 가게 하지 아니하겠나이다 그 사람이 그에게 이르되 네 이름이 무엇이냐 그가 이르되 야곱이니이다 그가 이르되 네 이름을 다시는 야곱이라 부를 것이 아니요 이스라엘이라 부를 것이니 이는 네가 하나님과 및 사람들과 겨루어 이겼음이니라 야곱이 청하여 이르되 당신의 이름을 알려주소서 그 사람이 이르되 어찌하여 내 이름을 묻느냐 하고 거기서 야곱에게 축복한지라 그러므로 야곱이 그 곳 이름을 브니엘이라 하였으니 그가 이르기를 내가 하나님과 대면하여 보았으나 내 생명이 보전되었다 함이더라 그가 브니엘을 지날 때에 해가 돋았고 그의 허벅다리로 말미암아 절었더라"

큰 씨름 큰 인물

학교 종례 시간, 담임선생님이 몹시 화가 나 있었다. 이번에도 기영이네 반 평균이 전교에서 꼴찌였기 때문이다.

"50점 넘는 사람은 교실에 남고, 50점 못 되는 사람은 복도에 나가 손들고 서 있어!"

마침 기영이는 딱 50점이었다.

"선생님, 저는 50점인데 어떻게 해요?"

선생님 왈, "너는 문틈에 끼어 있어."

창세기 32장을 보면 문틈에 낀 사나이 하나가 나온다. 뒤에서 추격해 오는 외삼촌 라반, 앞에서 그를 죽이겠다고 달려오는 형 에서 사이에 끼어 두려움에 떨고 있는 야곱이다.

야곱은 외삼촌 라반의 집에서 두 아내와 자녀들 그리고 많은 재물을 얻었다. 고향으로 돌아가는 것을 외삼촌이 허락하지 않을 것 같아 야곱은 라반이 출타해 집에 없는 날을 택해 모든 가솔과 소유를 이끌고 야반도주를 한다. 사흘쯤 지났을 때 라반이 이 사실을 알고 친족을 이끌고 야곱 가족을 추격한다. 설상가상으로 야곱이 돌아온다는 소식을 듣고 동생 야곱에게 장자권과 모든 축복을 빼앗기고 서러운 세월을 보내던 형 에서가 400인 가군을 이끌고 온다. 뒤에서는 라반이, 앞에서는 에서가 그를 치러 오는 이 상황이 야곱에겐 얼마나 부담스럽고 두려웠을까? 결론부터 말하면, 본문의 결말은 해피엔딩이다. 라반과도 에서와도 감격적인 화해를 하고 야곱은 새 길을 가게 된다.

언제나 해결해야 할 문제와 감당해야 할 인생의 과제가 있게 마련이다. 천하장사 씨름 대회에서 결승전을 해설하던 해설가가 이런 말을 한 적이 있다: "이런 큰 대회에서 큰 선수들을 이기고 우승을 하고 나면 자신감과 실력이 부쩍 크게 됩니다." 우리의 신앙도 마찬가지다. 큰 경기를 치르고 나면 실력이 부쩍 자라난다. 큰 씨름을 하고 나면 그 다음 씨름에서는 자신감이 생긴다. 큰 시험을 이기고 나면 작은 시험 정도는 가지고 놀 수 있다. 헌신도 충성도 마찬가지다. 하나님 앞에 큼직한 헌신을 한 번 하고 나면 사람의 그릇이 달라진다. 큰 씨름을 이겨 본 경험이 없는 사람은 늘 쫀쫀한 인생을 살 수밖에 없다.

본문에 대단한 씨름을 하는 한 장면이 나온다. 야곱이 하나님과 씨름을 해서 이긴다. 이제 누구하고도, 무엇과도 씨름을 해서 이길 수 있는 실력자가 되었다. 씨름을 해도 이런 씨름을 한번 해 보고 싶지 않은가?

아직도 전혀 믿지 못하는 사람들이 많지만, 믿거나 말거나 나는 학창 시절 그리고 군대 시절 씨름 선수 생활을 해 보았다. 나처럼 몸집이 작은 사람은 큰 선수를 만나 이길 때 오는 쾌감이 있다. 큰 선수를 만난 사람이 있는가? 멋지게 승리하고 일어서자. 쾌감도 축복도 그만큼 클 것이다.

거꾸로 살아온 인생

일찍이 야곱은 형을 꾀어 장자의 명분을 빼앗고 눈먼

아버지를 속여 축복을 가로챘다. 그러고는 하란 땅 외삼촌의 집에서 20년 망명생활을 보낸다. 거기서 한 여인을 얻기 위해 14년, 재물을 얻기 위해 또 6년을 머슴살이로 보낸다. 이제는 그렇게 꿈꾸던 가문의 족장이 되기 위해 고향으로 돌아온다. 돌아오다 생각하니 형 에서의 복수가 두렵기 시작했다. 그래서 꾀를 부린다. 형 에서에게 먼저 선물을 보낸다. 선물이 아니라 뇌물이다. 그 내용물이 본문 13~14절에 잘 기록되어 있다.

> "야곱이 거기서 밤을 지내고 그 소유 중에서 형 에서를 위하여 예물을 택하니 암염소가 이백이요 숫염소가 이십이요 암양이 이백이요 숫양이 이십이요 젖 나는 낙타 삼십과 그 새끼요 암소가 사십이요 황소가 열이요 암나귀가 이십이요 그 새끼 나귀가 열이라"

철저히 암놈이 많다. 좋은 선물이었다는 말이다. 그러고도 불안해서 가족과 재산을 삼분대로 나눈다. 1소대로는 하인의 자식들과 그 재산을, 2소대로는 레아의 자식들과 그 재산을, 3소대로는 사랑하는 여인 라헬의 자식과 재산을, 그리고 자기는 맨 마지막에 선다. 여차하면 모든 가족과 재산을 버리고 도망이라도 갈 수 있을 만큼 멀리 떨어져 따라온다. 이 작전은 일명 도마뱀 꼬리 자르기 작전이다.

20년 고생을 하고서도 졸장부 기질에서 벗어나지 못한 이 모습! 그가 진정 변화된 사람이었다면 평안할 땐 뒤에 가고 어려울 땐 앞에 서야 하지 않겠는가! 이런 남편, 이런 아빠를 믿고 따라야 하는 건지, 가족들은 아마 상처가 컸을 것이다. 두려움에 사로잡혀 당당히 앞으로 나서지 못하는 야곱. 그래서 늘 불안하고 쫓기듯 인생을 달려와야 했던 못난 사람을 보자. 늘 앞세워야 할 것들을 앞세우지 못하고, 뒤에 있어야 할 것이 무엇인지 알지 못한 채 살아온 인생. 그것이 야곱의 인생이었다.

행여 계속되는 신앙생활에도 불구하고 풍성한 삶을 누리지 못하는 사람이 있는가? 사는 것이 마냥 힘이 들고, 골치 아픈 문제만 생기고, 그래서 행복을 느끼지 못하는 사람이 있는가? 평안이 없고 늘 쫓기듯 불안한 이가 있는가? 인생을 거꾸로 살아서 그렇다.

한국 교회 초창기에 있었던 일이다. 한 목사님이 마차를 타고 가 시골 교회에서 저녁예배 설교를 했다. 설교를 마치고 잠을 자기 위해 마을 끝에 있는 어느 집사님 댁으로 가는데, 그 길이 얼마나 가파른 언덕인지 금방이라도 뒤로 굴러 떨어질 것만 같았다. 아침에 잠에서 일어나 그 가파른 언덕을 찾는데 언덕이 보이질 않았다. 두리번거리는 목사님에게, "목사님, 무엇을 그렇게 열심히 찾으십니까?" 하고 집사님이 물었다. "간밤에 내가 하도 가파른 언덕을 올라와서 얼마나 가파른 언덕이기에 그러나 했더니, 언덕이 온데간데없어졌습니다." "아니 목사님, 무슨 말씀을 하고 계십니까? 우리 집까지 오는 길은 평지입니다." 자세히 살펴보았더니 짓궂은 마을 청년들이 마차의 앞뒤 바퀴를 바꿔 달아 놓았다. 작은 앞바퀴는 뒤에 달고 큰 뒷바퀴는 앞에 달아 놓았기 때문에 가파른 언덕을 올라온 것처럼 끄는 말도 목사님도 힘든 길을 와야 했다.

왜 목사님이 그렇게 힘든 고갯길을 가야 했을까? 앞에 있어야 할 것이 뒤로 가고, 뒤에 있어야 할 것이 앞으로 왔기 때문이다. 예수는 앞에 서고 나는 뒤에 서고, 믿음은 앞세우고 욕심은 뒤에 묻어 두고, 말씀은 앞세우고 자아는 뒤로 가고! 거기에 평안이 있고 형통이 있다. 우선순위가 바뀌면 인생이 고달파진다.

하나님이 걸어 온 씨름

다시 야곱을 보자. 가족과 우양 떼가 다 강을 건넌 다음에도 야곱은 두려움에 강을 건너지 못하고 얍복 나루터에서 밤을 지내게 되었다. 잠이 오지 않는다. 밤은 더욱 어둡게만 느껴졌다. 밤이 깊어지자 불안과 근심 걱정도 깊어져만 간다. 그런데 깊은 밤 전전긍긍하고 있던 야곱의 옆구리를 누가 걸어찼다. 이렇게 해서 소위 야곱의 새벽 씨름이 시작된다.

재미있는 사실은 이 싸움이 야곱이 하나님께 매달린 씨름이 아니라는 것이다. "야곱은 홀로 남았더니 어떤 사람이 날이 새도록 야곱과 씨름하다가"(24절). 여기, 씨름의 주격이 "어떤 사람"으로 되어 있다. 이 어떤 사람이 하나님이라는 사실을 우리는 잘 알고 있다. 씨름의 판정이 어떻게 나는지를 살펴보자: "자기가 야곱을 이기지 못함을 보고"(25절). 여기서도 분명 주격은 싸움을 걸어 온 "그 사람"이다.

무슨 얘기인가? 지금 야곱이 하나님을 붙들고 철야 기도하고 있는 상황이 아니라는 것이다. 오히려 하나님 쪽에서 야곱에게 뭔가 요구할 것이 있어서 찾아오신 사건이다. 지금 당신이 당하고 있는 고난의 씨름이 바로 하나님께서 당신을 변화시켜 쓰시기 위해 걸어 온 씨름이라는 말이다.

창세기 28장에서 야곱이 사다리를 통해 하나님을 만날 때에도 마찬가지다. 이 사다리는 야곱이 하나님께 올라가기 위해 만든 사다리가 아니라 하나님께서 야곱에게 내려오시기 위해 설치하신 사다리였다. 하나님이 찾아오시는 사건이라는 것이다. 이것이 기독교다. 우리 하나님은 이런 분이시다. 하나님은 언제나 찾아오시는 하나님이시다. 내 인생의 주관자는 하나님이시다. 그분이 오늘도 내 인생 속에 간섭하시고, 내가 만든 모든 사건 속에

개입하고 계신다.

- 북한은 불안하고 동북아 갈등의 골은 깊어 가고
→ 외교적으로 해결해야 할 과제가 한둘이 아니다.

- 청년 실업, 경제 경기 불안, 정치 불신
→ 국가적인 문제가 한둘이 아니다.

- 다음 세대 교육을 생각하면 가슴이 답답해져 온다.

자녀들의 성교육이 심각하다 싶어 한 아버지가 중학생 아들을 불러 놓고 "아들아, 우리 이제 성에 대해 얘기할 때가 되지 않았니?" 하고 물었다. 그러자 아들 녀석이 대답한다: "아버지, 뭐에 대해 알고 싶으세요? 제가 아는 대로 좀 가르쳐 드릴게요." 해결해야 할 과제가 많지만, 가장 긴급한 것은 바로 나 자신이 변화되는 것이다.

그 많은 세월을 지켜보았지만 하나님의 커다란 기대에도 불구하고 조금도 변하지 않는 사람. 타성적인 교회 생활, 형식적인 신앙생활, 하나님을 자신의 욕심을 채워 주시는 분 정도로 믿는 현세적인 종교인, 뚜렷한 변화의 조짐조차 없는 야곱 같은 사람. 마침내 하나님께서 간섭하고 들어오시는 것이다. 하나님께서 옆구리를 걷어차고 씨름을 걸어 오신다. 내가 변하지 않으면 하나님이 걷어차며 내 잠을 깨우신다.

홀로 남았더니

하나님께서 찾아오신 이 상황을 본문 24절은 한마디로 이렇게 요약한다: "야곱은 홀로 남았더니." 내가 홀로 남은 시간, 고독을 느끼는 그 시간은 하나님이 찾아오시는 시간이다. 하나님이 내 인생에 간섭하시는 시간이다.

우리는 많은 사람들 속에 파묻혀 살아갈 때, 나의 부족함을 모르고 살아갈 때 진정한 내 모습을 보지 못한다. 세상이 내게 박수와 갈채를 보내고 있을 때 우리는 가면을 뒤집어쓰고 살아간다. 폼을 잡고 허세를 부린다. 자신을 과장한다. 그 모습은 참된 나의 모습이 아니라 위장된 나의 모습이다. 정직한 나의 모습이 아니라 거짓된 나의 모습이다. 그래서 하나님은 야곱을 만나시기 전에 야곱을 홀로 남게 하셨다.

우리는 신앙생활을 하면서도 직분이라는 가면을 쓰고 살 때가 있다. 사람들과 어울리고 동료들에게 둘러싸여 있을 땐 자신의 실체를 보지 못한다. 신앙 연조가 가면이 되어 하나님을 만나지 못하는 사람들도 있다. 세상에서 잘나가던 사람이 교회에 들어오면 그 가면 때문에 그 체면을 벗어 던지지 못하여 하나님을 만나지 못한다.

인내하며 기다리시던 하나님께서 더 이상 버려둘 수 없어서 나를 홀로 있게 만드신다. 박수 소리를 떠나게 하신다. 사람들이 내 곁에서 떠나간다. 많은 일거리들이 사라진다. 병실에 홀로 누워 있을 때가 있다. 그때는 자신의 실체를 발견하는 시간이다. 하나님을 만나야 할 시간이다.

누가복음 15장에 나오는 탕자를 보자. 돈 많고 친구들이 많을 때는 자신을 보지 못했다. 아버지를 기억하지 않았다. 그러나 "다 없앤 후"(14절), 곧 친구들도 떠나고 재물도 다 없어진 후에야 "이에 스스로 돌이켜"(17절) 아버지께로 돌아가는 것을 볼 수 있다. "He came to himself." "자기 자신에게로 돌아왔다." "자기를 보았다." 홀로 버려진 그 순간 아버지를 찾게 되는 것이다.

본문에서 야곱이 벌거벗은 이 자리를 얍복강 나루터라고 말한다. 얍복이란 '비운다, 몽땅 털어 버린다. 쏟아 버린다'는 뜻이다. 얍복 나루터는 지금까지 쌓아 왔던 자기 인생을 철저히 비우는 장소다. 벗어야 입을 수 있고, 비워야 새로운 것을 채울 수 있다.

교회는 얍복 나루터다. 이곳까지 와서도 자신을 비우지 못하면, 하나님 앞에서도, 교회에 와서도 가면을 벗지 못하면, 은혜의 자리에 와서도 헛된 욕망을 쏟아 버리지 못하면 하나님을 만나지 못한다. 은혜를 받을 수가 없다.

이 영역은 하나님도 당신을 도우실 수 없다. 하나님 앞에 단독자로 서는 그 순간은 정직해야 할 시간이다. 지금 이 순간 당신의 영혼의 그릇, 축복의 그릇을 비우고, 깨끗이 청소하고 준비된 마음으로 하나님을 기다리기 바란다.

엉덩이뼈가 부러진 새벽

하나님께서는 홀로 남아 있는 야곱에게 싸움을 걸어

오셨다. 그 싸움은 밤새도록 계속되었다. 새벽녘에 하나님은 야곱의 허벅지 관절을 치셨다. 허벅지 관절이 개역한글 번역에서는 환도 뼈, 공동번역에서는 엉덩이뼈라고 되어 있다. 아무튼 허벅지 관절은 사람의 상체와 하체를 연결하는 뼈를 말한다. 소위 히프 조인트다. 인체 중에서 가장 강한 뼈라고 한다. 사람이 힘을 쓸 수 있는 가장 중요한 부분이라고도 한다. 영적으로 보면 이 허벅지 관절이란 어떤 이에게는 직업이나 직장, 또 어떤 이에게는 자녀, 건강, 권력, 집안 배경이 될 수 있을 것이다.

하나님께서 이 허벅지 관절을 내려치시자 야곱은 그 자리에서 쓰러지고 만다. 하나님께서는 왜 야곱이 힘을 쓸 수 있는 이 마지막 자리를 치셨을까?

지금까지 야곱의 철학은 '나는 내 힘으로, 내 재주, 내 꾀로 뭐든지 할 수 있다'는 것이었다. 둘째로 태어나 장자가 되었다. 아버지의 축복을 가로챘다. 맨손으로 미인 아내와 재산과 명예를 얻었다. "내가 마음먹으면 안 되는 일이 없다." "나는 무슨 수를 써서라도 내 목적을 이루고야 만다." 이 얼마나 방자한 인생이었는가? 이러한 야곱을 하나님은 때려눕히신다. 허벅지 관절이 부러지는 순간 야곱의 인생은 KO되고 만 것이다. '이제 내 인생은 깨끗이 끝났구나!' 바로 그 순간 하나님을 붙들게 된다.

내 건강에 자신만만하여 방탕하던 한 인생도 병석에 누울 때가 있다. 내 주머니에 돈이 있기 때문에 하나님을 의지하지 않던 사람이 실패를 경험한다. 능력이 많다는 것 때문에 기도하지 않던 사람이 자신의 한계를 깨닫기 시작한다. 바로 허벅지 관절이 부러지는 순간이다. 야곱은 허벅지 관절이 부러지는 그 순간, 이제 내 인생이 끝났다고 생각하는 그 순간 하나님을 붙들게 된다. 이제 내가 의지할 분은 하나님밖에 없구나! "하나님, 나는 당신 없이 못살아요. 주 없이 살 수 없어요. 당신의 축복이 없이는 살 수가 없어요." 이렇게 고백한다.

> "야곱이 이르되 당신이 내게 축복하지 아니하면 가게 하지 아니하겠나이다"(26절).

이때의 상황을 호세아 선지자는 호세아 12장 4절에서 이렇게 주석한다: "천사와 겨루어 이기고 울며 그에게 간구하였으며." 자신의 재주가 아니라 이제 하나님 그분을 의지하기 시작했다. 간사한 자기 꾀가 아니라, 내 수단, 내 요령이 아니라 하나님의 도움을 요청하기 시작했다.

하나님과 겨루어 이겼는데 왜 우는가? 기뻐 뛰어야지 왜 우는가? 이 눈물은 가슴 깊이 숨겨 두었던 자신의 속내를 드러내 보이는 눈물이었다. 꼭꼭 잠가 두었던 가식을 털어내는 눈물이었다. 억척스럽게 사는 것 같지만 그럴수록 더 외롭고 힘들었던 자신의 인생에 대한 진실한 고백의 눈물이었다. 겉으로는 강해 보였지만 속에는 깊은 불안과 한없이 약한 모습이 숨어 있었다. 그래서 이제는 숨길 수 없는 부끄러움을 토하는 눈물이었다. 가장 간절한 기도였다. 야곱은 허벅지 관절이 부러진 다음에야 진실한 기도, 제대로 된 씨름을 할 수 있었다. 이 씨름은 야곱의 인생을 바꾼 새벽의 씨름이었다.

야곱의 인생을 바꾼 장소가 얍복 나루터였다면, 시간적으로는 새벽녘이다. 내 인생을 버티어 주던 허벅지 관절이 부러지는 얍복 나루터! 어둠이 물러가고 동이 터오는 이른 새벽! 거기서 야곱은 하나님을 만났다.

오랜 시간 가면을 쓰고 세상의 갈채를 받고 살아왔다면, 이제 진지하게 하나님을 만나자. 내 힘으로 뭐든지 할 수 있다고 믿고 살았다면, 하나님께서 내 허벅지 관절을 치시기 전에 하나님 앞으로 나아가자. 바쁘게 뛰며 살다가 하나님보다 앞장서서 달려온 이들, 인생의 앞뒤가 바뀐 사람들. 이제 결단하자. 야곱의 인생을 바꾸어 준 이 새벽의 씨름이 우리 모두에게 있기를 바란다.

이름(인생)이 바뀌었다

큰 씨름에서 이긴 야곱의 인생이 변하기 시작한다. 하나님께서는 매달려 애원하고 기도하는 야곱의 이름을 바꾸어 주셨다.

> "네 이름이 무엇이냐 그가 이르되 야곱이니이다"(27절).

야곱이란 말은 그가 어머니 뱃속에서 태어날 때 먼저 나오는 형을 시기하여 발뒤꿈치를 붙들고 나왔다는 데서 생긴 이름이다. '약탈자, 사기꾼, 강도'라는 뜻이다.

하나님께 복을 달라고 매달리는 야곱에게 왜 이름을

물으시는가? "이 약탈자야, 강도야, 지금까지 네가 살아온 것처럼 빼앗으면 될 일이지, 왜 복을 달라고 매달려?" 이 얘기다. "만 원만 주세요" 하며 매달리는 강도를 본 적이 있는가? "강도가 왜 달라고 애원해? 너는 기도하던 사람이 아니지 않느냐? 네 재주로 살던 자가 아니냐?"

"네 이름이 무엇이냐?" "약탈자 야곱입니다." "이제부터 네 이름을 야곱이라고 하지 마라. 네 재주로 인생을 살아가려고 하지 마라. 네 꾀로 네 요령만 가지고 험악한 세상에서 승리할 수 있다고 믿지 마라. 남의 복을 빼앗아 살려고 하지 마라. 이제부터 내가 모자람이 없도록 마음껏 복을 부어 줄 것이다!" 할렐루야!

"네 이름을 다시는 야곱이라 부를 것이 아니요 이스라엘이라 부를 것이니"(28절). 이스라엘은 '하나님이 다스리신다, 하나님이 책임지신다'는 뜻이다. 이것이 축복이다. 이것이 신앙이다.

본문 28절에서도, 이 부분을 주석한 호세아 선지자도 같은 결론을 내린다. '야곱이 하나님과 겨루어 이겼다'는 것이 무엇인가? 그리스도인의 승리가 무엇인가? 하나님께 매달리는 것. 하나님께 내 인생을 맡기고 사는 것.

그래서 하나님이 간섭하시고 하나님이 다스리시는 것. 이것이 승리요, 그리스도인의 영광이다. "네 이름은 이스라엘이다. 너는 이제 승리자다. 네가 이겼다. 복을 얻어 내는 싸움에서 이겼다"는 것이다. 자신의 못난 욕망, 자아, 가면으로부터 승리했다는 것이다. 누가 승리자인가? 자신을 죽일 수 있는 자가 승리자다. 누가 이스라엘인가? 하나님께 무릎 꿇어 매달릴 수 있는 사람, 두 손 들고 항복하는 자가 바로 이스라엘이다. 복을 얻어 내는 씨름에서 이긴 자가 승리자다.

기억하자. 아직도 목이 뻣뻣하여 하나님 앞에 무릎 꿇어 본 경험이 없는 사람, 자신이 원하면 뭐든지 할 수 있다고 자기 자신을 믿고 살아온 사람. 바로 그가 야곱이요, 실패자다. 그러나 "나는 하나님의 은혜가 없이는 살 수 없습니다. 주 없이 살 수 없습니다. 축복받지 않고는 살아갈 수 없는 존재입니다" 하며 두 손 들고 하나님 앞에 나아온 경험이 있는 사람. 그가 바로 이스라엘이요, 그가 바로 승리자다. 이스라엘! 그는 새벽 씨름에서 이긴 자다.

지난날 당신의 이름은 무엇이었는가? 낙심쟁이, 우울,

절망, 실패, 불평, 원망쟁이였는가? 하나님께서 당신을 다스리고 지배하시는, 이스라엘로 바뀌는 인생이 되길 바란다. 그때 당신의 이름이 용기, 기쁨, 희망, 감사, 찬양쟁이로 바뀌게 될 것이다.

희망의 새 아침

긴긴 밤의 싸움이 끝나는 말씀의 결론인 31절을 보자.

"그가 브니엘을 지날 때에 해가 돋았고 그의 허벅다리로 말미암아 절었더라"

깨지고 시원해하는 야곱을 보자. "하나님, 감사합니다. 하나님, 찬양합니다. 나를 치신 하나님, 감사합니다. 내 못난 자아를 깨뜨리신 하나님을 찬양합니다. 하나님께서 나를 치시지 않았더라면 평생 나 자신만을 붙들고 살았을 거예요. 하나님, 잘 치셨어요. 잘 깨셨어요. 이제 당신 맘대로 빚어 쓰세요." 야곱은 다리를 절고 또 절며 하나님을 찬양했다.

브니엘은 하나님의 얼굴이란 뜻이다. 이제까지 태양은 나를 감시하고 나를 책망하는 두려움의 얼굴이었다. 그러나 깨지고 하나님 만나고 은혜를 체험하고 나니 어제 떠올랐던 그 태양이 아니다. 바로 하나님의 얼굴이었다. 사랑의 얼굴이었다. "하나님, 내 허벅지 뼈 잘 치셨어요." 야곱은 일평생 절뚝거릴 때마다 얍복 강가에서 만났던 그 하나님을 의식하며 살았을 것이다.

새해 때마다 초조하고 불안했던 사람도 하나님을 만나고 나면, 자신의 존재가 달라지고 나면 새해가 희망의 날, 곧 브니엘의 아침이 된다. 믿음 없이 아침을 맞을 때 떠오르던 태양(해)은 "불행해"였다. 그러나 하나님 만나고 희망과 믿음으로 맞는 아침의 해는 "행복해", "만족해"가 될 수 있다. 일찍이 어거스틴은 말했다: "위풍당당하게 불의의 길을 걸어가는 것보다 절뚝거리며 의의 길을 걸어가는 것이 축복이다."

그러나 하나님이 나를 홀로 남도록 강권하시기 전에 하나님과 함께 거하는 사람이 있다. 하나님이 내 허벅지 뼈를 치시기 전에 하나님께 매달릴 수 있는 사람이 있다. 절면서 하나님을 찬양하기 전에 절지 않고도 얼마든지 하나님을 기쁘시게 하는 삶을 사는 사람이 있다. 그가 지혜로운 사람이다.

한 번도 인생을 바꾼 영적 씨름 맛을 보지 못한 사람이 있는가? 당신이 신령한 씨름에서 승리하고 일어설 때 브니엘의 아침 햇살이 비쳐 올 것이다. 분명 같은 태양인데, 어제의 그 태양이 아니다. 하나님의 얼굴, 곧 브니엘의 태양이 될 것이다. 희망의 새 아침이 될 것이다!

10강

야곱의 종교개혁

(창 35:1~15)

"하나님이 야곱에게 이르시되 일어나 벧엘로 올라가서 거기 거주하며 네가 네 형 에서의 낯을 피하여 도망하던 때에 네게 나타났던 하나님께 거기서 제단을 쌓으라 하신지라 야곱이 이에 자기 집안 사람과 자기와 함께 한 모든 자에게 이르되 너희 중에 있는 이방 신상들을 버리고 자신을 정결하게 하고 너희들의 의복을 바꾸어 입으라 우리가 일어나 벧엘로 올라가자 내 환난 날에 내게 응답하시며 내가 가는 길에서 나와 함께 하신 하나님께 내가 거기서 제단을 쌓으려 하노라 하매 그들이 자기 손에 있는 모든 이방 신상들과 자기 귀에 있는 귀고리들을 야곱에게 주는지라 야곱이 그것들을 세겜 근처 상수리나무 아래에 묻고 그들이 떠났으나 하나님이 그 사면 고을들로 크게 두려워하게 하셨으므로 야곱의 아들들을 추격하는 자가 없었더라 야곱과 그와 함께 한 모든 사람이 가나안 땅 루스 곧 벧엘에 이르고 그가 거기서 제단을 쌓고 그 곳을 엘벧엘이라 불렀으니 이는 그의 형의 낯을 피할 때에 하나님이 거기서 그에게 나타나셨음이더라 리브가의 유모 드보라가 죽으매 그를 벧엘 아래에 있는 상수리나무 밑에 장사하고 그 나무 이름을 알론바굿이라 불렀더라 야곱이 밧단아람에서 돌아오매 하나님이 다시 야곱에게 나타나사 그에게 복을 주시고 하나님이 그에게 이르시되 네 이름이 야곱이지마는 네 이름을 다시는 야곱이라 부르지 않겠고 이스라엘이 네 이름이 되리라 하시고 그가 그의 이름을 이스라엘이라 부르시고 하나님이 그에게 이르시되 나는 전능한 하나님이라 생육하며 번성하라 한 백성과 백성들의 총회가 네게서 나오고 왕들이 네 허리에서 나오리라 내가 아브라함과 이삭에게 준 땅을 네게 주고 내가 네 후손에게도 그 땅을 주리라 하시고 하나님이 그와 말씀하시던 곳에서 그를 떠나 올라가시는지라 야곱이 하나님이 자기와 말씀하시던 곳에 기둥 곧 돌 기둥을 세우고 그 위에 전제물을 붓고 또 그 위에 기름을 붓고 하나님이 자기와 말씀하시던 곳의 이름을 벧엘이라 불렀더라"

존재의 목적

어느 초등학교 2학년 학생이 쓴 시가 있다.

 엄마가 있어서 참 좋다
 나를 돌봐 주니깐
 냉장고가 있어서 참 좋다
 음식을 보관해 주니깐
 강아지가 있어서 참 좋다
 나랑 놀아 주니깐
 아빠는 왜 있는지 모르겠다

물론 자기중심적인 철없는 아이의 글이다. 그러나 우리로 하여금 뭔가를 생각하게 하는 글이기도 하다. 가족을 위해 새벽부터 저녁까지 땀 흘려 일한 아버지이지만, 적어도 이 아이에겐 아버지는 왜 있는지 모르는 존재였다. 우리가 아무리 열심히 살아도 하나님께서 "너는 왜 살아야 하는지 모르겠다" 말씀하시면 그것으로 끝장이다. 교회도 마찬가지다. 당신의 직장, 일터도 마찬가지다. 정당도 마찬가지다. 오늘 그리스도인들이 왜 있는지 모르겠다고 세상이 말한다면, 우리는 어찌 해야 하는가?

매년 10월 30일은 종교개혁 기념주일이다. 1517년 10월 31일 마틴 루터는 비텐베르크 성당 게시판에 95개조 반박문을 내걸고 가톨릭교회의 개혁을 외쳤다. 그 당시 가톨릭교회는 성경의 진리로부터 멀리 떠나 있었다. 하나님에게서 떠난 교회, 복음에서 떠난 교리, 말씀에서 벗어난 예배, 말씀에서 떠난 종교 행위 등으로 인해 교회의 존재 목적 자체가 사라질 위험 속에 빠져 있었다. 누군가 오늘날 한국 교회야말로 루터의 종교개혁 이후 가장 개혁이 필요한 교회가 되었다고 말했다. 타락한 종교 앞에서 마틴 루터는 '오직 믿음'(Sola Fide), '오직 성경'(Sola Scriptura), '오직 은혜'(Sola Gratia), '오직 하나님의 영광'(Sola Deo Gloria)을 종교개혁의 근본정신으로 세웠다.

개혁자들은 예배의 개혁, 교리의 개혁, 신앙생활의 개혁을 주장했다. 루터는 교회와 성도들의 신앙이 다시 본래의 목적을 회복해야 함을 끝없이 외쳤다. 루터가 외쳤던 교회의 개혁은 일회성의 개혁으로 완성되는 것이 아니다. 종교개혁의 정신은 '개혁된 교회는 날마다 새롭게 개혁된다'는 것이다. 진정한 종교개혁은 교회당의 모양을 바꾸고 교회 조직을 바꾸는 것이 아니라, 성도 한 사람 한 사람이 말씀에 바로 서 세상의 소금과 빛으로 살아가는 것이다.

야곱의 생애

본문에서 종교개혁의 의미가 야곱의 생애에서 재미있게 드러난다. 창세기를 보면 야곱은 하나님과 세 번의 만남을 갖는다. 첫 번째 만남은 에서의 장자권을 가로채고 외삼촌 라반의 집으로 도망가던 중, 광야에서 잠을 자다가 환상을 본 사건이다(창 28장). 두 번째 만남은 형 에서와 만나기 전날 밤 얍복강 나루에서 천사와 씨름을 한 사건이다. 그리고 세 번째 만남은 벧엘에서 다시 제단을 쌓고 그곳 이름을 '엘벧엘'이라 부른 사건이다. 그 후로도 많은 일들이 있었지만 성경은 이 사건 이후에 곧 야곱의 죽음을 기록하고 있다.

주목할 점은 야곱이 그의 인생을 마감하기 전에 그가 처음으로 하나님을 만났던 벧엘로 다시 올라갔다는 사실이다. 왜 야곱은 자신의 삶을 마감하기 전에 벧엘로 다시 올라가야만 했을까? 그리고 무엇 때문에 벧엘의 이름을 다시 새롭게 '엘벧엘' 이라 불러야 했을까? '엘벧엘' 은 '벧엘의 하나님' 이라는 뜻이다. 이 말은 하나님은 끊임없이 자신을 바꾸어 기어이 하나님의 사람으로 세우신다는 고백이다.

야곱은 그 전에 이미 하나님과 두 번의 만남을 가졌다. 그럼에도 불구하고 창세기 34장까지 기록된 야곱의 모습을 보면, 형 에서의 장자권을 빼앗았던 사건, 즉 남을 속이는 본성 자체를 계속 버리지 못했다는 사실을 발견할 수 있다. 이러한 야곱의 모습을 보면서 숭실대학교 김회권 교수는 야곱을 '그는 언제나 변화의 도상에 있는 존재' 였다고 평가한다. '변화의 도상에 있는 존재', 이것이 그리스도인이요, 이것이 교회요, 이것이 종교라는 것이다.

형제의 화해

창세기 33장의 야곱의 하나님 만남 사건을 먼저 살펴보자. 야곱은 형 에서를 만나기 전에 자신의 귀향을 알리기 위해 풍성한 예물을 먼저 보냈다. 에서에 대한 두려움이 있었기 때문이다. 이때 에서는 400명의 남자들을 거느리고 야곱을 만나기 위해 길을 떠났다. 창세기 32장 6절에 기록된 "만나려고"라는 히브리어 동사 '카라'는 많은 경우에 적대적인 목적을 가지고 마주칠 때 사용되는 단어다. 결국 야곱이 얍복강 나루를 건너지 못하도록 밤새 그를 붙잡고 있었던 불안과 공포의 정체는 자기를 죽이기 위해 달려오는 에서와 그가 거느리고 있는 400명의 무장 세력이었다.

야곱은 이러한 두려움 속에서 벗어나기 위해 발버둥치며 천사와 밤새도록 씨름을 했다. 밝아 오는 아침 햇살 같은 평안에도 불구하고 야곱의 가슴엔 에서에 대한 두려움이 남아 있었다. 이에 이기적이고 꾀 많은 야곱은 이미 자기 살길을 만들어 놓았다. 야곱은 두 여종과 그들의 자녀들을 1진, 레아와 그의 자녀들을 2진, 라헬과 요셉을 3진으로 배치했다. 그리고 자신은 제4진으로 홀로 뒤에

숨는다. 이렇게 진을 네 부분으로 나눈 것은 소위 갱단의 도마뱀 꼬리 자르기 작전이다. 제1진이 공격을 당하는 동안 2진, 3진이 도망을 가고, 제2진이 붙잡히는 동안 제3진, 그리고 자기 자신이 도망가겠다는 것이다.

하지만 천사와 씨름을 마친 야곱은 두려움 속에서도 당당히 에서를 만나러 간다. 창세기 33장 3절은 "자기는 그들 앞에서 나아가되 몸을 일곱 번 땅에 굽히며 그의 형 에서에게 가까이 가니"라고 기록되었다. 일곱 번 절하며 예의를 갖추는 동생 야곱을 보며, 에서는 달려와서 그의 목을 안고 입을 맞추었다. 이때 야곱은 "내가 형님의 얼굴을 뵈온즉 하나님의 얼굴을 본 것 같사오며"(창 33:10)라고 고백한다.

야곱의 이 고백은 얍복강 나루터에서 보낸 그 고독하고 무서운 밤의 씨름이 에서를 만날 준비를 시킨 하나님의 배려였음을 인정하는 고백이다. 이 고백은 야곱이 지난 20년 동안 장자권 사건으로 얼마나 오랫동안 죄책감과 번뇌를 안고 살아왔는지를 잘 보여 주는 표현이다. 형의 얼굴을 뵌 것이 하나님의 얼굴을 뵌 것과 동일한 속죄 효력이 있다는 의미다. 하나님의 얼굴을 보고도 죽지 않고 살아난 것처럼, 복수심에 분노가 가득 차 있었을 것이라 생각했던 에서를 보고도 살아남을 수 있었던 것은 곧 하나님의 은혜라는 고백이다.

야곱의 현실 추구

에서와 야곱의 화해 사건 이후 에서는 다시 세일산으로 돌아가고, 야곱은 짐승 떼를 키우기에 적당한 장소를 발견하여 그곳에 우릿간을 짓고, 그 지역을 숙곳이라고 불렀다. 짐승 떼에 쏟는 야곱의 과도한 관심은 그가 밧단아람에서 이룬 물질적 성취를 얼마나 소중하게 생각하는지를 보여 주고 있다. 야곱은 짐승의 생존과 건강을 위하여 기꺼이 세겜 지역과 근접한 곳에서 살기로 작정했다. 은혜를 경험하고서도 금방 현실적 평안만을 추구하는 인간의 연약성을 여실히 보여 준다. 저주받아 죽을 인생이 하나님의 은혜로 구원을 받았으면 신앙만을 위해 신앙적 가치로만 살 것 같은데, 사는 것을 보면 여전히 세상적이더란 말이다.

가까운 곳에 야곱이 20년 전에 하나님께 서원을 드렸

던 벧엘이 있었지만, 그의 눈에 벧엘은 보이지 않는다. 그렇다고 아버지가 계시는 브엘세바도 그의 목적지가 아니고, 형 에서가 정착한 세일산도 그의 목적지가 아니다. 오직 야곱의 두 눈은 숙곳에 머물러 있다. 인간이 철저히 신앙 중심, 영적인 존재로 산다는 게 얼마나 어려운 것인가를 보여 준다. 사실 종교개혁은 생명을 거는 진정성이 아니고는 불가능한 일이다. 종교개혁은 제스처가 아니다. 선전이 아니다.

야곱은 20년 전 벧엘에서 '평안히' 아버지 집으로 돌아오게 해 준다면 이 벧엘을 제단 삼아 자신의 모든 소유에서 10분의 1을 하나님께 드리겠다고 서원했다. 야곱은 밧단아람에서부터 '평안히' 가나안 땅 세겜 성에 도착했다(창 33:18). 하지만 자신의 십일조 봉헌 약속을 어떻게 실천했는지에 대한 성경상의 기록이 전혀 없다. 벧엘에서의 약속은 까맣게 잊어버린 채 눈앞의 찬란한 문화 도시 세겜에 장막을 치고, 세겜과 하몰 족속으로부터 토지를 사들인다.

'어디에서 살 것인가?' 이 문제는 굉장히 중요하다. 야곱은 이미 잘 발전되어 있는 세겜의 도시 문화 속에 들어가서 그들과 공존하며 살기를 원하고 있다. 적당히 신앙생활하고 세상적으로도 멋지게 성공하고 싶었다. 아니, 신앙은 액세서리 정도로 두고 하나님의 이름으로 보란 듯이 성공하고 싶었다. 물량주의, 성공주의, 세속주의를 몰아내는 생활의 개혁이 얼마나 어려운 일인가를 보여 준다.

야곱의 종교개혁

하지만 이러한 야곱의 바람은 자신의 딸 디나가 세겜 성의 추장 세겜에게 성폭행을 당하게 되면서 산산조각 나 버린다. 야곱과 그의 아들들은 디나의 사건에 대해 '이스라엘' 안에서 일어나서는 안 되는 일이 일어났다고 한탄하고 슬퍼한다. 하지만 이들은 여기에서 그치지 않고 하몰-세겜의 전격적인 통혼 제안에 대해서 기습적인 역제안으로 맞선다.

> "만일 너희 중 남자가 다 할례를 받고 우리 같이 되면 우리 딸을 너희에게 주며"

결국 세겜의 남자들은 할례를 행하였고, 모든 세겜의 남자들이 고통의 절정에 도달했을 때 시므온과 레위는 이들을 급습하여 모든 남자를 학살하고 디나를 찾아온다. 뿐만 아니라 세겜 사람들의 재산과 짐승을 약탈하고, 남자들의 자녀들과 아내들을 포로로 잡아온다.

결국 야곱의 세겜 정착은 그에게 많은 아픔을 가져다 주었다. 세겜에서 자신의 사랑하는 딸 디나는 인생의 큰 상처를 입었다. 또한 야곱의 아들 시므온과 레위는 대량 학살범이 되었다. 세겜 땅의 토착민들과 편하게 지내려 했던 야곱의 계획은 완전히 무너져 버렸다. 하나님의 백성들이 세상의 패륜아, 조롱거리로 전락하고 말았다. 이것이 벧엘의 언약을 버리고 살았던 대가였다.

> 연세가 지긋이 드신 한 노인이 어느 결혼식에 갔을 때 봉투에 '축 결혼' 이라고만 쓰고 자기 이름을 빼놓은 것이 후회가 됐다. 그래서 이번에는 이름 석 자를 분명히 적어 안주머니에 집어넣고 택시를 잡아탔다. 그리고 "공군회관으로 갑시다"라고 택시 기사에게 말했다. 그런데 이 노인이 한참 가다가 자기가 어디

로 가자고 했는지 생각이 나지 않아 앞에 있는 기사에게 물었다: "기사 양반, 내가 좀 전에 어디로 가자고 했수?" 그랬더니 이 기사 양반 뒤돌아보며 대답하는 말이 걸작이다: "아니 손님, 언제 타셨죠?" 건망증 증세가 피장파장이었던 모양이다.

잊어야 할 것을 잊어버리는 것은 상관없지만, 잊지 말아야 할 것을 잊는 것은 문제가 된다. 야곱은 자신의 생각과 계획이 완전히 수포로 돌아간 후에 그제야 자신이 벧엘에서 하나님께 드린 서원을 잊어버리고 있었음을 깨닫게 된다.

야곱은 시므온과 레위가 저지른 끔찍한 세겜 부족 대학살 사건을 접하고 어찌해야 할지 몰라 망연자실하고 있었다. 이때 하나님은 이렇게 말씀하신다.

"일어나 벧엘로 올라가서 거기 거주하며 네가 네 형 에서의 낯을 피하여 도망하던 때에 네게 나타났던 하나님께 거기서 제단을 쌓으라"

본질로 돌아가라는 말이다! 하나님 곁으로 돌아오라는 말이다!

야곱은 거칠고 혹독한 환난 속에서 하나님의 음성을 들으며 영적인 지각력을 다시 회복하고 있다. 야곱은 화려하고 편리해 보이는 세겜 땅이 아니라, 자신이 하나님께 서원을 드린 곳, 바로 벧엘이 그의 인생의 목적지가 되어야 한다는 사실을 깨닫는다. "벧엘로 올라가라"는 하나님의 음성은 야곱이 20년 전 하나님께 드린 서원을 다시 상기하라는 하나님의 명령이다. "하나님의 백성은 가난하게 사는 것이 두려운 것이 아니라 정직하게, 깨끗하게 살지 못하는 것이 두려운 것이다"라는 말이다.

벧엘은 세겜에 비해서 상대적으로 고지대에 위치하고 있다. 때문에 벧엘로 가려면 올라가야 한다. 야곱은 벧엘로 올라가면서 자신의 영적 고도를 높여야 한다. 야곱은 세겜에서 겪은 큰 환난을 통해서 지금 자신의 삶이 어떤 곳에 있는지 발견하게 되었다. 마치 롯이 소돔과 고모라 땅에 자신의 마음을 빼앗겨 버린 것처럼, 야곱은 자신의 가축과 짐승 떼의 생존과 안전에 과도하게 집착했다. 이러한 상황 속에서 "벧엘로 올라가라"는 하나님의 명령은 야곱의 심장을 찌르며 다가왔다. 여기 '올라간다'는 말이 단순히 지리적으로 올라가라는 말만은 아니다. 영적으로, 윤리적으로 올라가라는 말이다. 결국 세겜에서 야곱이 경험했던 파괴적인 환난은 야곱의 종교개혁으로 이어진다.

하나님의 말씀 앞에서 야곱은 철저하게 자신의 모습을 무너뜨린다. 그리고 드디어 야곱은 자신의 가족과 자기와 함께한 모든 사람들에게 명령한다.

"너희 중에 있는 이방 신상들을 버리고 자신을 정결하게 하고 너희들의 의복을 바꾸어 입으라"(2절).

야곱은 지금 자신의 삶이 정결하지 못했음을 고백한다. 자신의 가슴속 깊은 곳에 이방 신상을 품고 살았음을 인정한다. 또한 자신의 공동체가 세겜 세력에 얼마나 동화되었는가를 하나님 앞에 고백한다. 야곱 공동체는 세겜에 대하여 빛과 소금이 되기보다 세겜의 '문화적 어둠'에 휘둘리고 있었다. 그러나 야곱은 더 이상 세겜의 유혹에 흔들리기를 거부한다. 세겜 사람들처럼 살기를 거부한다. 야곱은 벧엘로 올라가야 하는 이유를 분명하게 선포한다.

> "내 환난 날에 내게 응답하시며 내가 가는 길에서 나와 함께 하신 하나님께 내가 거기서 제단을 쌓으려 하노라"(3절).

'바른 예배만이 내가 사는 길이다' 는 사실을 정직하게 인정한다. 새로운 종교의 제단을 세우겠다는 것이다. 야곱은 세겜 사건을 통하여 또 다시 환난 날에 자신과 동행하시는 하나님을 만나며 하나님의 응답을 경험하고 있다. 특히 "내게 응답하시며"라는 말씀에 주목해야 한다.

야곱은 자신의 인생길에 함께하시고 동행하시는 하나님에 대한 신앙고백을 통하여 세겜 족속의 보복 공격과 추격전에 대한 두려움을 극복하고 있다. 결국 야곱 공동체는 모든 이방 신상과 금귀고리 등을 세겜 땅에 묻고 벧엘로 올라간다. 이때 하나님은 야곱 공동체를 하나님의 능력으로 지키시고 보호하셔서 그 누구도 야곱의 아들을 추격하지 못하도록 그들을 이끌어 가셨다(5절). 교회 안에, 가정 안에, 그리스도인의 심장 속에 자리 잡고 있는 우상을 버리는 것! 이것이 진정한 종교개혁이다. 우리가 하나님 앞에 바로 서면 교회가 바로 서고 나라가 바로 선다. 이것이 하나님의 방법이다.

날마다 개혁

마침내 야곱은 벧엘로 올라가서 제단을 쌓고 그 제단을 '엘벧엘'이라고 새롭게 이름을 붙인다. 하나님은 벧엘에서 다시 한 번 야곱을 만나 주신다. 그리고 야곱의 이름을 '이스라엘'로 고쳐 주신다.

얍복강 나루터에서 천사와 벌였던 하룻밤의 씨름이 야곱의 변화를 단번에 완성시킨 것은 아니다. 하나님은 일회성의 사건으로 모든 것을 단번에 변혁시키는 분이 아니시다. 언제나 하나님은 긴 시간 동안 반복적으로 우리의 삶을 훈련시키신다. 그분은 우리에게 반복적으로 하나님의 구원을 체험하게 하신다. 삶 속에서 일어난 고난과 어려움을 통해 하나님의 하나님 되심을 경험하게 하신다. 하나님은 이러한 과정을 통해 우리의 타락한 본성을 다시 하나님의 형상으로 회복시키신다. 또한 하나님의 언약의 말씀을 다시 기억하게 하셔서 성도들의 삶을 다시 새롭게 하신다.

개혁된 교회는 끊임없이 개혁되어 가야 한다. 회개한 교인은 날마다 회개를 통해 자신을 죽이고 신앙의 불을 살려야 한다. 신앙의 위기는 하나님 없는 종교생활이다. 성도의 두려움은 하나님을 떠난 삶이다.

지금 세계의 기독교는 위기를 맞이하고 있다. 유럽의 교회들은 크고 아름답지만, 주일 예배에 참석하는 교인들은 극히 소수에 불과하다. 그나마도 참석자의 대부분이 노인들이다. 더 이상 교회 유지가 어려워 팔려고 내놓은 교회당들도 늘어 가고 있는 추세다. 현재 세계의 그리스도인은 약 16억여 명으로 추산되고 있는데, 이 가운데 이름만 등록하고 실제로는 교회 예배에 참석하지 않는 명목상의 그리스도인이 7억여 명으로 전체의 절반에 이른다고 한다. 요한계시록의 종말론 사상에 의하면 마지막 때 세상은 더 큰 혼란과 위기가 있을 것이고, 진정한 신자 외에 많은 사람들이 교회를 떠날 것이라고 한다. 그리스도인의 수가 줄어들 것이란 말이다.

중동을 중심으로 대부분의 이슬람 국가들에서는 기독교 선교를 국법으로 금지하고 있다. 기독교 선교가 벽에 부딪히고 있다. 다시 말해, 이미 형성된 기독교 문화권은 쇠퇴의 길에 들어서 있는 반면, 비기독교 국가들에서의 기독교는 박해를 받거나 아니면 정체 상태에 놓여 있는 실정이다.

오늘 한국 교회는 그 어느 때보다 더 심한 기독교 신앙의 위기를 겪고 있다. 독립운동에 목숨 바쳐 앞장서고, 학교와 병원을 세워 어리석은 국민을 깨우치며, 대한민국 국가 건설에 앞장섰던 한국 교회가 큰 어려움을 겪고 있다.

믿음의 선진들이 피 흘리며 세워 온 교회를 우리가 깨끗하게 지키지 못해서 그렇다. 우리는 세젬의 풍요에 눈이 어두워져 종교와 교회와 신앙을 세속화시켰다. 목사들이 진리에 설탕을 발라 설교를 하다 보니 진리는 사라지고 강단에 설탕만 많아지고 있다. 이제 복음 종교, 구원 종교의 능력을 믿어야 한다. 참된 신앙인으로서의 자존심을 지켜야 한다. 교회를 거룩하고 깨끗하게 지켜야 한다.

존귀한 종교, 기독교

야곱은 세겜에서 큰 아픔을 겪은 후에야 비로소 하나님께서 야곱을 만드시고 의도하신 원래의 모습이 어떠한 것인지를 깨닫게 되었다. 야곱은 단지 많은 짐승 떼를 키우고 풍족한 삶을 즐기기 위한 존재로 태어난 것이 아니다. 하나님의 언약의 계승자가 그 정도 삶의 수준에 만족해서는 안 된다. 하나님께서 야곱에게 주시는 놀라운 축복을 보라.

> "나는 전능한 하나님이라 생육하며 번성하라 한 백성과 백성들의 총회가 네게서 나오고 왕들이 네 허리에서 나오리라 내가 아브라함과 이삭에게 준 땅을 네게 주고 내가 네 후손에게도 그 땅을 주리라"(창 35:11~12).

한 백성이 야곱에게서 시작된다는 것이다. 이 말씀이 무엇을 의미할까? 거룩한 하나님의 나라를 대변하는 이스라엘 국가가 야곱에게서 시작된다는 것이다. 하나님은 지금 야곱에게 단지 눈앞에 보이는 현실과 여러 가지 유혹에 마음을 빼앗기지 말고, 믿음의 눈을 열어서 하나님의 나라를 바라보라고 말씀하고 계신다. 하나님께서 야곱을 이 땅에 보내신 이유와 목적이 바로 하나님의 나라와 그분의 영광을 위한 것이다.

야곱은 이제야 눈을 들어 벧엘을 바라본다. 그리고 벧엘을 향해 다시 올라간다. 벧엘이 새롭게 '엘벧엘'이 되었을 때 야곱은 드디어 영적인 갱신을 경험할 수 있게 되었다.

지옥에서 벗어나는 것이 구원의 전부는 아니다. 영원히 살 천국을 내 곁에서 이루고 나누며 사는 것이 구원이다. 내 삶의 문제, 아픔, 어려움, 불안, 염려, 두려움에서 벗어나는 것이 신앙의 본질이나 교회의 목적은 아니다. 진정한 하나님의 자녀가 되었으면 세상을 바꾸는 자리까지 나가야 한다. 하나님께서 나를 통해 이 땅에서 이루실 사명이 무엇인지 깨달아야 한다. 내 삶을 통해 거룩한 하나님의 영광이 비춰질 소망을 품고, 그것이 오직 우리 인생의 최대의 목적임을 깨닫고, 그 목적을 위해 살아가야 한다.

홍명보 감독이 대학을 졸업할 무렵 일본 팀에서 20억

원에 스카우트를 제의해 왔다. 그때 홍명보 선수는 거절하며 말한다: "한국 축구가 일본에 팔려가는 것 같다. 내가 정상에 있는 동안만큼은 한국을 지키겠다."

우리 함께 기독교 진리의 능력을 믿자. 그리스도인의 자존심을 지키며 살자. 지금의 고난은 반드시 개혁의 기회가 될 것이다. 진리는 승리한다. 반드시 바로 선다.

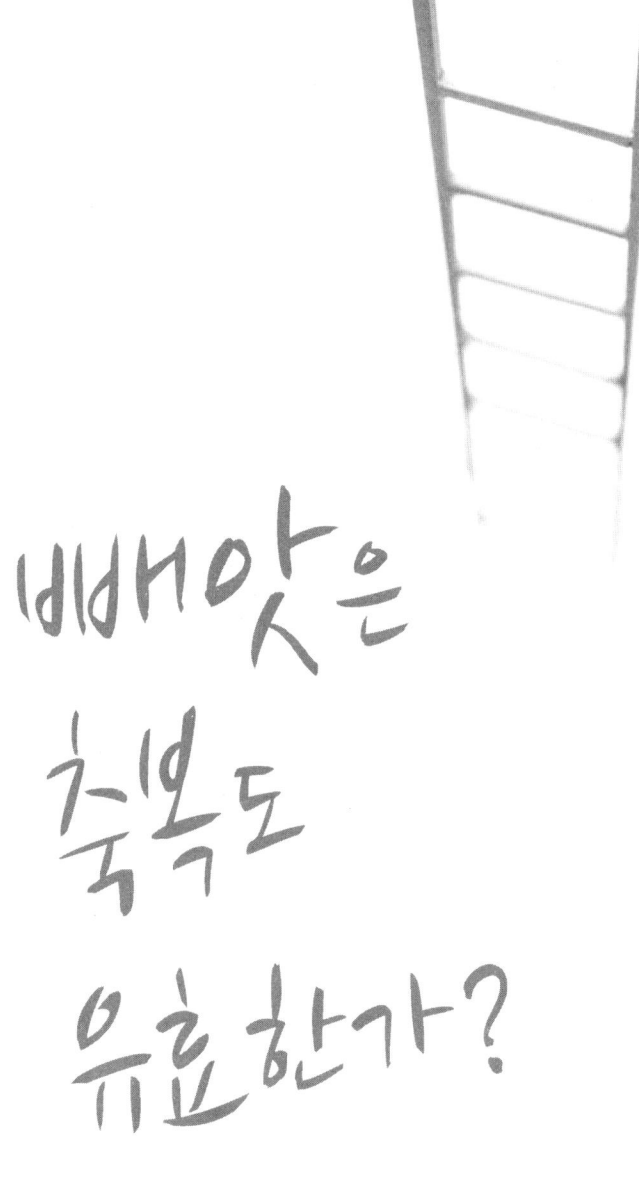

빼앗은 축복도 유효한가?

11강

몇 살 먹었습니까?

(창 47:7~10)

"요셉이 자기 아버지 야곱을 인도하여 바로 앞에 서게 하니 야곱이 바로에게 축복하매 바로가 야곱에게 묻되 네 나이가 얼마냐 야곱이 바로에게 아뢰되 내 나그네 길의 세월이 백삼십 년이니이다 내 나이가 얼마 못 되니 우리 조상의 나그네 길의 연조에 미치지 못하나 험악한 세월을 보내었나이다 하고 야곱이 바로에게 축복하고 그 앞에서 나오니라"

몇 살 먹었냐?

옛 그리스 한 도시에 조각가 리시포스(Lysippus)가 만들었다고 하는 동상이 하나 서 있었다. 이 동상은 발밑에 날렵한 날개가 달려 있었으며, 앞머리는 풍성한데 뒤는 말쑥한 대머리였다. 이 동상 밑에는 다음과 같은 문답이 새겨져 있었다. "그대 이름이 무엇인가?" "내 이름은 시간이라고 하오." "왜 그대는 발밑에 날개를 달고 있는가?" "빨리 날아갈 수 있기 위해." "앞머리는 왜 그토록 풍성한가?" "내가 다가갈 때 누구나 붙들 수 있도록." "왜 뒷머리는 대머리인가?" "내가 떠나고 나면 아무도 날 붙들 수 없도록." 이 동상의 이름이 '시간'이다. 그래서 그리스 격언 가운데 "시간의 앞 머리카락을 잡으라"는 말이 있다.

옳은 말이다. 그 누가 지나간 시간을 붙들 수 있으며, 놓친 시간을 다시 잡을 수 있겠는가? 시편 90편 12절에 "우리에게 우리 날 계수함을 가르치사 지혜로운 마음을 얻게 하소서"라는 말씀이 있다. 내 나이가 얼마인가를 생각할 때마다 인간은 지혜의 마음을 얻게 된다는 말이다.

우리나라 사람들이 나이를 물을 때 쓰는 말이 있다: "몇 살 먹었습니까?" 여기 '살'이라는 말은 '인생살이, 머슴살이, 타향살이, 더부살이, 셋방살이' 할 때 붙이는 단어인데, 이 단어는 '삶'을 의미한다. 그래서 "잘 살아야지" 하며 산다고 할 때 살이라는 말을 붙인다. 그러므로 '살'을 나이로 세는 것은 깊은 뜻을 담고 있다. 한 살은 하나의 삶을 의미한다. 두 살은 둘의 삶을 의미한다. 한 살 한 살의 나이가 인생의 삶을 축적하는 단위가 된다는 것이다.

'먹는다'는 말은 몸 밖에 있는 것이 몸 안으로 들어온다는 말로, 나의 것으로 소유한다는 것을 의미한다. 그래서 우리나라 속담에 "먹는 것만 남는다"는 말이 있다. 나이를 먹는다는 말은 좋은 의미로든 나쁜 의미로든 삶을 내 것으로 먹은 것이다.

과학적으로 말하면 지구가 태양을 한 바퀴 돈 시간을 나이라고 말한다. 나이는 해를 바꾸었다는 것이다. 365일은 지구가 태양을 한 바퀴 돈 것을 의미한다. 이것은 사계절이 한 번 끝난 것이다. 나이테가 생긴 것이다.

주님께서 우리에게 물으신다: "몇 살이나 먹었냐?" 이 질문은 "지금까지 그대는 어떻게 살아왔는가?"라는 질문이다. "지금은 어떻게 살아가는가?" 하는 물음이다. "앞으로 그대는 어떻게 살 것인가?"를 묻는 질문이다. 신앙의 나이테, 인생의 나이테를 얼마나 아름답게 만들고 있느냐는 도전이다.

"몇 살 먹었냐?" 이 질문은 요셉이 국무총리로 있던 애굽의 바로 왕이 요셉의 아버지 야곱에게 물은 질문이다. 앞에서도 살폈지만, 야곱은 쌍둥이 형제 가운데 동생으로 태어났다. 옛 이스라엘의 풍습은 맏아들이 상속권과 축복권을 가지게 된다. 야곱은 둘째 아들로 태어났기 때문에 축복권도 상속권도 가질 수가 없었다. 그래서 야곱은 형에게 팥죽 한 그릇을 팔아 장자의 명분을 얻었고, 눈먼 아버지를 속여 축복을 쟁취했다. 이 일로 인하여 그는 집을 떠나야 했고, 평생 길고 긴 세월을 나그네로 살아야 했다.

인생은 나그네 길
어디서 왔다가 어디로 가는가

당신의 나그네 길은 행복한 길이었는가? 아니면 불행한 길이었는가? 천상병 시인은 "나 하늘로 돌아가리라 아름다운 이 세상 소풍 끝내는 날 가서, 아름다웠더라고 말하리라" 하며 인생길을 소풍 길에 비유했다. 그러나 아버지를 속이고 출발한 야곱의 나그네 길은 아들로부터 끔찍한 속임을 당했다. 그토록 사랑했던 아들 요셉이 사나운 짐승의 밥이 되어 죽었다는 거짓 소식을 듣고서 야곱은 피 묻은 옷자락을 부둥켜안고 울고 또 울었다. 아버지를 속이는 시간은 잠시 잠깐, 금방 모든 것이 들통 났다. 그러나 자식들로부터 무려 20년이 넘게 속아 왔다. 멀쩡하게 살아 있는 아들을 죽은 줄로만 알고 20년 세월 동안 한을 품고 살아야 했다. 아버지를 속이더니 자신도 아들로부터 속았다. 그뿐인가? 사랑하는 여인을 얻기 위해 7년 세월 고생했는데, 하룻밤을 자고 나서 보니 신부가 바뀌었다. 삼촌으로부터도 속임을 당한 것이다. 그는 속이면서 출발했으나, 사실은 평생 속으면서 살아왔다. 누구도 믿을 수 없는 고독한 인생을 살아왔다.

형과의 싸움을 선언한 야곱은 삼촌 라반과의 암투로 괴로운 나날을 보내야 했다. 억지로 빼앗은 축복이 평안할 수 없었던 것이다. 딸 디나의 수모를 목격해야 했다. 아들들이 살인하는 모습을 보아야 했다. 맏아들 르우벤의 서모 간통, 사랑하는 아내 라헬의 죽음 등 파란만장한 인생길을 걸어왔다.

그러던 어느 인생 말년, 죽은 줄로 알았던 요셉이 살아 있어 저 넓은 대국 애굽의 총리대신이 되어 아버지를 기다리고 있다는 소식이 전해졌다. 때는 마침 평생 모은 재산이 두 해 흉년 만에 모두 다 동이 난 처지라 야곱은 서둘러 70인 권속을 거느리고 애굽 땅으로 달려갔다. 아들 요셉은 백발이 된 아버지를 보고서 무릎에 매달려 통곡했고, 아버지 야곱도 아들 요셉을 만난 감격에 흐느껴 울었다.

요셉은 아버지를 바로 왕 앞에 모셔 "이분이 저의 부친이옵니다"라고 소개를 했다. 이때 아마 야곱의 얼굴에 산전수전을 겪어 온 인생 자국이 거칠게 자리 잡고 있었던 모양이다. 대뜸 바로 왕이 야곱에게 "네 나이가 얼마냐", 즉 몇 살이나 먹었는지를 물었다. 그때 야곱이 대답하기를 "내 나그네 길의 세월이 백삼십 년이니이다 내 나이가 얼마 못 되니 우리 조상의 나그네 길의 연조에 미치지 못하나 험악한 세월을 보내었나이다"라고 했다. 야곱의 생애를 돌이켜 볼 때 이 얼마나 실감나는 표현인가?

질문의 의미

당신은 몇 살 먹었느냐는 이 질문에 무엇이라고 대답하겠는가? 먼저, 이 물음은 지금까지 어떻게 살아왔느냐에 대한, 곧 인생 나이테를 묻는 질문이다. 땀 흘려 일한 목적과 방법들이 정당했느냔 말이다. 걸어 온 인생 자국마다 하나님이 한 번도 나를 떠나지 않으시고, 언제나 내 곁에 계셔서 나를 지켜보시고, 내 앞에서 인도하시며 나를 밀어 주고 계셨던 따뜻한 손길을 느끼며 살아왔는가를 묻는 말이다.

행여 지난날을 돌이켜 볼 때 야곱처럼 상처뿐이었고

아픔의 연속, 또 연속은 아니었는가? 사랑의 주님께서 당신의 마음을 어루만져 주시기를 축복한다. 실패와 고난, 좌절과 이별, 가난과의 싸움 등으로 인한 험악한 세월은 아니었는가? 가족과 이웃으로부터 받았던 배신과 상처는 없었는가? 사랑의 보자기를 펼쳐 덮을 것은 덮고, 감출 것은 감추고, 용서할 것은 용서하고, 용서받아야 할 것들은 모두 용서받고 새 삶의 문을 열고 싶지 않은가? 그것이 한 살, 두 살, 살을 잘 먹는 길이다.

"네 나이가 얼마냐"는 이 질문에 야곱은 "내 나그네 길의 세월이 백삼십 년이니이다"라고 대답한다. 130년. 그의 생애를 돌이켜 볼 때 간단한 연륜이 아니었다. 우리라고 다르겠는가? 돌이켜 보면 부끄러운 것뿐이요, 죄로 얼룩진 흔적뿐이지만, 하나님의 은혜와 이웃의 따뜻한 후의가 있었기에 오늘 내가 이 땅에 존재할 수 있었다. 한없는 부모님의 사랑을 받고 살았지만 효도 한번 제대로 못하고 시간이 흘러갔다. 이 땅에서 오래 살았다는 것은 내 어머니의 땅 조국에 빚을 많이 진 것밖에 없다. 부부간에 서로 오래 살았다는 것은 서로에게 빚을 많이 졌다는 고백이 되는 것이다. 더구나 지난날을 돌이켜 보면 모두가 하나님의 은혜인 것을.

지금까지 지내 온 것 주의 크신 은혜라
한이 없는 주의 사랑 어찌 이루 말하랴

(새찬송가 301장)

이 얼마나 실감나는 찬송인가? 지금까지 어떻게 살았느냐는 물음에 "나잇값 못하고 살았습니다. 은혜 갚지 못하고 살았습니다"라는 고백 외에는 달리 할 말이 없다. 속상한 마음, 실패, 미움, 원망, 더러운 상처, 특별히 고백하지 못한 죄악, 잘못된 습관 등 부정적인 것들은 모두 십자가 밑에 내려놓자. 상한 음식 먹으면 토해 내야 산다. 상한 살을 먹지 말고 건강한 살을 먹어야 한다.

오늘 밤이라도 "너, 그만하면 많이 먹었다. 그만 먹어라" 하고 하나님이 부르시면 그만 먹고 하나님께로 가야 한다. 여기서 우리는 우리 자신이 나이, 즉 시간의 주인이 아니라는 사실을 알게 된다. 시간은 내 것이 아니다. 하나님께서 나에게 일정한 시간을 주셨기 때문에, 수명을 주셨기 때문에 살아가는 것이다. 시간이란 하나님으로부터 전세 내 살고 있는 것이다.

　시간을 창조하신 하나님께서 우리에게 시간을 주실 때 시간의 법칙을 만드셨다. 그것은 엿새 동안 부지런히 일하고, 이레 되는 날은 하나님을 만나고 안식하라는 법칙이다. 이레가 없는 시간은 완성된 시간이 아니다. 하나님 만나는 시간이 별도로 준비되지 못한 인생은 허무한 인생이 되고 만다. 주일 살을 잘 먹어야 1년 살을 잘 먹는다는 말이다. 주일 살 없이 100살을 먹으면 뭐하나? 잘못 먹은 살인 것을.

　요한계시록 13장 18절에 보면 짐승의 수, 사탄의 수, 미완성의 수가 나온다. 666이라고 기록하고 있다. 여기서 6은 완전수인 7에서 하나가 빠진 숫자다. 6만 있으면 불완전 숫자가 된다. 하늘의 수가 아닌 땅의 수로 끝나 버리고 마는 것이다.

　무슨 말인가? 우리는 한 주간을 산다. 월, 화, 수, 목, 금, 토, 세상에서 인정을 받는다. 때로는 땀 흘리고 눈물 흘리며, 피를 흘리며 살아 본다. 그러나 이레가 없는 '살', 하나님 앞에 예배하고 하나님 만나는 삶이 병들면 그날은 666으로 끝나 버리고 마는 것이다. 썩은 인생으로 끝나 버리고 마는 것이다.

"몇 살 먹었나?" 이 말은 당신의 나이가 영원하지 않다는 말이다. 하나님은 나이가 없으시다. 하나님은 영원부터 영원까지 살아 계신 분이기 때문에 나이가 없으시다. 천국의 성도들은 나이를 묻지 않는다. 몇 살이나 먹었는지를 묻고 들었다는 얘기는 우리의 생명이 아직 이 땅에 있다는 것이다. 언젠가는 이 생명이 끝나는 시간이 온다.

우리 조상들이 늙음의 무상함을 깨닫고 이런 시를 노래했다.

> 내 청춘 뉘 주고 뉘 백발 가져온고
> 백발이 오고 가는 걸 알았던들 막았을 것을
> 알고도 못 막는 길 이 길이니 그를 서러워하노라
>
> *
>
> 한 손에 가시 쥐고 또 한 손에 막대 잡고
> 늙는 길 가시로 막고 오는 백발 막대로 막으렸더니
> 백발이 제 먼저 알고 지름길로 오더라

이 땅에서는 아무것도 영원할 수 없다. 지속되지 않는다. 지금 건강하다고 하나 그 건강도 지속되지 않는다. 지금 청춘이라고 하나 청춘도 지속되지 않는다. 많은 것을 가졌다고 하나 소유도 영원하지 못하다. 생명은 반드시 끝나는 날이 있다. 겸손하게 살 줄 알아야 한다. 내 것이 없다.

이 원고를 집필하며 나는 몇 살이나 먹었는지 생각하다 깜짝 놀랐다. 내가 이렇게 많이 살았나? 많이도 먹었구나!

어리고 젊은 시절, 밥이 모자라던 시절에는 학교를 오가는 길에서 너무나도 배가 고파 시냇가에 가방을 내려놓고 날고기를 잡아먹은 적이 있다. 청년 시절에는 기숙사에서 누룽지를 긁어 먹은 적도 있다. 그때는 돌멩이도 씹기만 하면 소화가 될 줄 알았다. 그런데 지금은 과식이 두려워진다.

학창 시절 신체검사 때마다 안 보이는 글자가 없어 개눈이란 소리를 들었다. 그런데 어느 날 내 눈 위에 안경이 걸쳐 있다. 며칠 전에 약병 하나를 들고 작은 글자가 보이지 않아서 짜증을 부리다가 안경을 벗고 보니 그 글자가 보였다.

그토록 단 것이 먹고 싶어 호박꽃을 따서 빨고 다녔다. 깨꽃을 빨고 다녔다. 그러나 벌써 단 것이 무서워진다. 당신이라고 다르겠으며, 어찌 인생 간증이 없겠는가? 이것이 인생이다.

미국의 에덤스 대통령이 노년에 지팡이를 짚고 언덕을 오르다가 숨이 차서 지팡이를 허리에 대고 나뭇가지에 몸을 기댄 채 쉬고 있었다. 지나가던 청년들이 전직 대통령을 알아보고 "각하, 안녕하십니까?"라고 인사를 했다. 그때 에덤스 대통령이 청년에게 들려 준 유명한 얘기가 있다: "이보게 젊은이, 내가 안녕치를 못하네. 내 장막 집이 무너지려고 해서 이사 갈 준비를 한다네." "아니 각하, 각하의 집이 무너져 이사를 가다니요?" "자네가 보다시피 내 집은 낡아서 지붕이 다 벗겨져 버렸고, 창은 낡아서 다 찢어지고, 기둥은 흔들거려 언덕을 오를 수 없고, 들보는 굽고, 쓰러지기 일보직전이라네."

당황하는 젊은이들에게 다시 얘기를 한다: "이보게, 내 지붕을 보게나. 머리카락이 몇 개나 남았나. 내 눈이 창문인데 앞이 보이지 않아. 안경을 써도 이제는 더듬거리며 좁은 길을 가야 한다네. 내 인생의 기둥은 두 다리일 텐데, 이것이 흔들거려 내가 길을 걸을 수가 없어. 들보는 내 허리인데 쇠하여 구부러졌어. 이 장막 집이 무너지면 저세상으로 이사 가야 할 것 아닌가? 이사할 준비를 하고 있다네."

생명의 날들을 헤아려 볼 줄 아는 지혜가 있어야 한다. 건강을 잃고 건강의 소중함을 발견하는 것도 귀하고, 늙은 후 청춘의 선물됨을 감사하는 일도 귀중하지만, 주어진 모든 것이 선물인 줄 알고 감사하며 사는 일이 참으로 귀한 인생이다.

우리의 인생은 두 번 주어지지 않는다. 인생은 연습이 없다. 인생은 시행착오가 없다. 한 번 주어진 인생, 한 번 걸어가면 그것으로 끝나는 게 인생이다. 젊은이들이여, 그 좋은 시절이 다시는 오지 않는다. 잘 준비하고 잘 살아야 한다.

영적인 나이가 얼마인가?

"몇 살 먹었나?" 여기에서는 또 다른 나이인 영적인

나이를 묻고 있다. 교회 다닌 지 얼마나 되었는지를 묻고 있는 것이 아니다. 세례 받은 지 얼마나 되었는지를 묻는 것도 아니다. 당신의 직책이 무엇인지를 묻는 것도 아니다. 영적인 성숙도를 묻는 것이다.

인생은 오랫동안 살았는데, 나이는 들었는데 영적으로 미성숙한 사람들이 많이 있다.

첫째, 교회 안에서도 아직 탄생을 경험하지 못한 사람들이 있다. 참으로 거듭났는가? 영생을 얻었는가? 오늘이 인생의 마지막 날이라면, 오늘 예수님이 이 땅에 재림하신다면 천국에 들어갈 확신이 있는가? 이제는 세상 살아갈 때 내 욕망, 내 욕심, 자기 이기심으로 가득 채웠던 것들을 마음의 중심자리에서 내려놓고 거기에 만왕의 왕 되신 예수를 내 주님으로 모시자. 개도 제 주인을 아는데, 하물며 인생의 주인을 모른대서야 인생이라 할 수 있겠는가? 온 인류의 주인 되신 하나님을 아버지라 부르며 마음에 모시자.

둘째, 영적인 어린아이들이 있다. 어린아이는 순진하긴 하지만 모든 일이 자기중심적이다. 우주의 중심이 자기가 되어 모든 것을 자기중심적으로만 생각한다. 모든 판단의 중심에 자기가 있다. 자기밖에 모른다. 자기 고집만 내세운다. 이제는 좀 어린아이 티를 벗어 버리자. 하나님이 중심이다. 하나님이 기뻐하시면 하기 싫어도 하는 것이다. 하나님의 관점으로 사는 것이다.

셋째, 영적인 청년들이 있다. 힘 있게 일을 하지만 유혹이 심하다. 노련미가 없어 실수를 곧잘 한다. 정욕적이다. 언제까지 실수와 유혹을 정당화하겠는가? 술, 담배, 포르노, 잘못된 습관 등을 끊어 버리자.

넷째, 영적인 장년들, 곧 부모의 입장에 도달한 사람들이 있다. 모든 가치관이 타인 지향적이다. 자기희생적이다. 누구나 포용할 줄 안다. 교회 안에 이처럼 아버지상, 어머니상을 가진 훌륭한 부모들이 있어야 교회가 건강해진다.

아직도 어린아이 티를 벗지 못하고 이기적인 자기중심적 삶을 살고 있을 때, 아직도 넘어졌다 일어났다를 반복하고 실수를 반복하고 있을 때, 교회의 아비와 어미, 리더로서 성숙한 모습을 보이지 못하고 있을 때, 아직도 부정적인 생각과 언어, 상처와 섭섭증에 시달리고 있을 때, 이럴 때 하나님이 물으신다: "너, 몇 살이냐?"

바로 왕은 야곱에게 지금까지 어떻게 살아왔는지를 물었다. 그러나 하나님은 우리의 과거를 묻지 않으신다. 지난 시간 동안 당신이 무엇을 했든지 하나님은 다 덮어 주기를 원하신다.

이제 어떻게 살 것인가?

"너, 몇 살이냐?" 이 질문의 결국은 앞으로 어떻게 살 것인지를 묻는 것이다. 어떤 시간의 가치관을 가지고, 어떤 인생의 목적을 가지고 살아갈 것이냐를 묻고 있다.

스티븐 코비 박사가 성공하는 사람들과 실패하는 사람들의 시간을 조사해 보았더니 실패하는 사람들은 대개 별로 중요하지 않은 일, 그러면서도 긴급한 일들에 매여 사는 사람들이었다. TV 보는 시간이 너무 많다. 전화하는 시간이 너무 길다. 한 시간 반 동안 전화하고 난 다음에 끊으면서 "얘, 안 되겠다. 자세한 얘기는 만나서 하자"라고 말한다. 컴퓨터 게임에 너무 매달린다. 쓸데없는 참견에 너무 시간을 보낸다. 해결점 없는 고민과 걱정에 사로잡힌다. 이런 사람들은 인생을 실패하며 살아가더라는 것이다.

반면 성공하는 사람들은 긴급한 일이 아닌 가치 있고 중요한 일들에 관심과 시간을 할애하는 사람들이었다. 건강이나 사건이나 예방에 관심을 갖는다. 지도력을 개발한다. 주변 사람들, 윗사람, 아랫사람들과 좋은 인간관계를 구축하기 위해 많은 노력을 한다. 새로운 기회를 발굴한다. 자신의 인격과 신앙 향상을 위해 최대의 노력을 하는 사람들이었다.

그렇다. 당신이 긴급성이라는 패러다임에 따라 행동하느냐, 아니면 중요성이라는 패러다임에 따라 행동하느냐 여하에 따라 당신의 인생의 결과, 즉 열매들을 가늠하게 될 것이다.

당신이 만약 하루에 15분의 자투리 시간을 정확하게 활용할 수 있다면, 1년에 책 한 권을 쓸 수 있다. 1년에 악기 하나를 배울 수 있다. 1년에 중급 정도의 외국어 회화 실력을 가질 수 있다. 40년간 하루에 15분을 낸다면, 1,000권의 책을 읽을 것이다. 대학을 5번 다닐 것이다. 하물며 하루 1시간 중요한 일들을 위해 시간을 낸다면 당신의 인생이 어떻게 달라질 수 있을까? 시간은 참으로 소중한 것이다. 시간이 돈이라고 하지만 시간은 생명이었다. 시간이 피와 같은 것이다.

- 1년의 소중함을 알고 싶으면 암 선고를 받고 1년 후 죽을 사람에게 물어보라.
- 한 달의 소중함을 알고 싶으면 한 달 먼저 미숙아를 낳은 어머니에게 물어보라.
- 일주일의 소중함을 알고 싶으면 주간지 편집자에게 물어보라.
- 하루의 소중함을 알고 싶으면 하루 벌어 하루 먹는 노동자에게 물어보라.
- 1분의 소중함을 알려면 1분 차이로 집에 가는 막차를 놓친 사람에게 물어보라.
- 1초의 소중함을 알고 싶으면 1초 때문에 교통사고를 면할 수 있었던 사람에게 물어보라.
- 0.01초의 소중함을 알고 싶으면 0.01초 차이로 올림픽에서 은메달을 딴 단거리 육상선수에게 물어보라.

"몇 살이나 먹었느냐?" 이는 자신의 욕망을 채우기 위해 가까운 사람들을 속이고 또 많은 사람들에게 상처를 주며 상처 입으며 살아왔던 야곱에게 묻는 질문이었다. 썩을 것들만을 위해 살지 말고 영원한 가치관, 하늘의 가치관을 가지고 살 줄 알아야 한단 말이다.

이 땅의 것들이란 밥을 먹으면 다시 배설물로 흘러가듯이 썩고 없어질 것들뿐이다. 당신의 그 먹고 있는 살이 예수 그리스도와 연결되고 복음과 연결되지 않는다면, 지금 당신은 살을 잘못 먹고 있는 것이다. 그러나 하나님을 위해, 이웃을 위해, 진리와 정의를 위해, 주님의 몸 된 교회를 위해 산 것은 모두 하늘에 쌓인다: "오직 너희를 위하여 보물을 하늘에 쌓아 두라." 당신의 보물은 무엇인가? 시간? 몸? 재물? 재능? 하늘 커튼을 활짝 열고 내가 쌓아 놓은 하늘 보물이 얼마나 되는지 점검해 보라.

세상에서는 성공을 했는데 하나님의 집에 들어와 보니 내 자리가 없는가? 그것이 먼 훗날 천국 생활의 영원한 모습이 되고 마는 것을. 세상 살만 먹지 말고 교회 살을 많이 먹자.

그동안 헐떡거리며 달려온 열매가 무엇인가? 부지런

히 달려온 것 같은데 주머니를 뒤져 보니 남은 열매가 없다. 급한 것들 때문에 소중한 것을 놓치지 말자. 현실적인 것들 때문에 영원한 것을 놓치지 말자. 땅의 것들 얻느라 하늘 상급을 잃지 말자. 성공 때문에 가족에게 상처를 주고 이웃을 버리지 말자. 세상 때문에 교회와 천국을 상실하며 살지 말자. 가치의 패러다임을 바꾸어 살아가야 좋은 삶을 먹고 사는 것이다.

지나간 시간 돌아보니 내 재주로 산 것만 같았다. 내가 땀 흘리면 잘 살 줄 알았다. 그러나 아니다. 하나님의 은혜였다. 주님이 함께하시고 은혜를 베풀어 주시니 오늘 내가 있는 것이고, 하나님께서 은혜를 거둬 가시니 세워지고 쌓인 것들이 모두 무너져 버리는 것이다.

> 지나온 모든 세월들 돌아보아도
> 그 어느 것 하나 주의 손길 안 미친 것 전혀 없네
> 오 신실하신 주 오 신실하신 주

그분은 갚지 못하고 살아왔던 우리 인생을 오늘까지 지켜 주셨고, 내일도 당신과 함께하시며, 동행하시며, 당

신을 지켜 주실 것이다. 이분의 은혜 하나로 우리가 살아왔다.

살을 잘 먹어야 풍성한 삶을 살 수 있다. 만족하고 배부른 삶을 살 수 있다. 잘못 먹은 것들, 인생 여정에서 쌓인 상처와 분노 그리고 부정적 생각을 토해 내고 가자. 먹어야 할 것 먹지 못하고 살았으면 앞으로는 은혜와 말씀, 그리고 행복한 비전을 먹고 살자. 나잇값, 직분 값, 은혜의 값을 잘하고 살자.

당신은 몇 살 먹었는가?

12강

축복의 가문을 이어 가라

(창 48:15~49:2, 히 11:20~21)

"그가 요셉을 위하여 축복하여 이르되 내 조부 아브라함과 아버지 이삭이 섬기던 하나님, 나의 출생으로부터 지금까지 나를 기르신 하나님, 나를 모든 환난에서 건지신 여호와의 사자께서 이 아이들에게 복을 주시오며 이들로 내 이름과 내 조상 아브라함과 이삭의 이름으로 칭하게 하시오며 이들이 세상에서 번식되게 하시기를 원하나이다 요셉이 그 아버지가 오른손을 에브라임의 머리에 얹은 것을 보고 기뻐하지 아니하여 아버지의 손을 들어 에브라임의 머리에서 므낫세의 머리로 옮기고자 하여 그의 아버지에게 이르되 아버지여 그리 마옵소서 이는 장자이니 오른손을 그의 머리에 얹으소서 하였으나 그의 아버지가 허락하지 아니하며 이르되 나도 안다 내 아들아 나도 안다 그도 한 족속이 되며 그도 크게 되려니와 그의 아우가 그보다 큰 자가 되고 그의 자손이 여러 민족을 이루리라 하고 그 날에 그들에게 축복하여 이르되 이스라엘이 너로 말미암아 축복하기를 하나님이 네게 에브라임 같고 므낫세 같게 하시리라 하며 에브라임을 므낫세보다 앞세웠더라 이스라엘이 요셉에게 또 이르되 나는 죽으나 하나님이 너희와 함께 계시사 너희를 인도하여 너희 조상의 땅으로 돌아가게 하시려니와 내가 네게 네 형제보다 세겜 땅을 더 주었나니 이는 내가 내 칼과 활로 아모리 족속의 손에서 빼앗은 것이니라 야곱이 그 아들들을 불러 이르되 너희는 모이라 너희가 후일에 당할 일을 내가 너희에게 이르리라 너희는 모여 들으라 야곱의 아들들아 너희 아버지 이스라엘에게 들을지어다"

"믿음으로 이삭은 장차 있을 일에 대하여 야곱과 에서에게 축복하였으며 믿음으로 야곱은 죽을 때에 요셉의 각 아들에게 축복하고 그 지팡이 머리에 의지하여 경배하였으며"

도입

한 가정의 아이가 국사, 세계사, 역사 성적이 좋지 못했다. 아버지가 선생님을 만나러 갔다. 선생님이 물었다. "아버님께서는 학교 다닐 때 역사 성적이 어땠습니까?" 가만히 생각해 보니 변변치 못했다. "저도 성적이 좋지 않았습니다." 선생님 왈, "역사는 돌고 돕니다."

병원에 종합 진찰을 받으려고 찾아가 보면 부모의 병력을 물을 때가 있다. 육체적인 많은 질병들이 부모에게 물려받은 유전인자로 인해 생긴 것이라는 것을 의학은 알고 있다. 마찬가지로 육체적인 유전 외에도 정신적인 유전, 영적인 유전이 있을 수 있다. 그러나 우리 그리스도인들은 우리에게 물려진 모든 저주들을 단절하고 축복의 가문을 이어 갈 수 있는 권세가 있다.

가장 무책임한 말 가운데 하나가 부전자전이라는 말이다. 내 아버지가 이랬으니 나도 이렇게 살고, 내 자식에게도 이런 모습을 전해 줘야 한다면 이건 비극 가운데 비극이다.

> 아들이 못 보던 노트북을 들고 집으로 들어왔다. "어디서 났니?" "학교에서 친구 건데 그냥 집어 왔어요." "야 임마, 너 그건 도둑질이야. 정말 필요하다면 아빠한테 말해야지." "아빠한테 얘기해도 안 사 줄 거잖아요." "정말 필요하면 아빠가 회사에서 집어다 주지."

그 아들에 그 아버지 아닌가?

> "주 예수를 믿으라 그리하면 너와 네 집이 구원을 받으리라"(행 16:31).

하나님은 내가 예수 믿어 구원 받고 우리 가문이 복 받기를 원하신다. 하나님은 아브라함을 복의 근원으로 부르셨다. 그 복이 자손 만 대에 이어지기를 원하셨다.

말의 힘

하나님께서 인간에게 주신 특별한 은사가 있다. 말하는 능력이다. 누에고치가 입으로 실을 뿜어서 집을 지어 살듯이, 사람은 일평생 그가 하는 말에 의하여 자기 인생이라는 집을 지어 가는 것이다.

사람은 일생 동안 그가 무슨 말을 들었는가에 따라서 운명이 결정되어진다. 특별히 자녀들이 그 부모로부터 어떤 말을 듣고 살았는지는 대단히 중요하다. 언어가 건강한 사람이 인격이 건강한 사람이다. 성공적인 언어를 말하는 사람은 성공적인 삶을 살게 되는 것이다.

말에는 각인력이 있다. 들은 말은 뇌에 새겨지고, 그것은 나를 지배하게 된다.

말에는 견인력이 있다. 들은 말에는 나를 이끌어 가는 힘이 있다. 옛말에 "말이 씨가 된다"는 말이 있다. 한번 토해진 말은 씨가 되어서 심겨지고, 꽃이 피고, 열매를 맺게끔 되어 있다는 말이다.

말에는 성취력이 있다. 쏟아진 말에는 나를 이끌어 가는 힘, 내 삶을 완성해 가는, 성취해 가는 힘이 있다.

"그 말하는 것이 이루어질 줄 믿고 마음에 의심하지 아니하면 그대로 되리라"(막 11:23).

"죽고 사는 것이 혀의 힘에 달렸나니 혀를 쓰기 좋아하는 자는 혀의 열매를 먹으리라"(잠 18:21).

좋은 말을 많이 하며 사는 사람들은 좋은 열매를 맺는다. 반면 나쁜 말을 많이 하는 사람은 나쁜 열매를 맺게끔 되어 있다. 운명을 바꾸고 살아가기를 원하는 사람은 먼저 그 말을 바꾸어야 한다.

"너희 말이 내 귀에 들린 대로 내가 너희에게 행하리니"(민 14:28).

특별히 하나님은 그 부모 된 사람들에게 자식을 축복하는 권세를 주셨다. 이 세상 모든 부모들에겐 자식을 축복하는 말의 힘이 있다.

하나님은 어떤 사람에게 복을 주실 때 먼저 이름을 바꾸어 주신다. '큰 자'라는 이름의 뜻을 가진 아브람을 '여러 민족의 아버지'라는 아브라함으로 바꾸어 주신 것이다. 너 혼자 큰 자가 되어서 잘 먹고 잘 사는 야망을 이루는 존재가 아니라, 네 주변에 있는 많은 사람들, 많은 가정들, 많은 도시들, 많은 민족들에게 영향을 미치는, 받은 복을 나누며 살아가는, 여러 민족의 아비 된 삶을 살라는 것이다. 야곱을 이스라엘로 바꾸어 주셨다. 약탈자가 아니라 하나님이 도와주시고, 하나님이 간섭하시고, 하나님이 다스리시는 존재가 되라는 것이다. 시몬을 베드로로 바꾸어 주셨다. 갈대 같이 나약한 존재, 걸핏하면 넘어지고 쓰러지는 존재가 아니라 이제는 교회의 반석, 곧 반석 같은 존재가 되라는 뜻이다.

당신에게 남아 있는 말의 상처가 있는가? 어릴 때부터 지금까지 살아오면서 당신에게 가슴 아픈 이야기, 기억할 때마다 계속해서 당신의 마음을 아프게 하는 말의 상처를 품고 살고 있는가? 당신에게 남아 있는 잘못된 인생의 꼬리표가 있는가? 그 모든 상처와 꼬리표에 주님의 보혈의 피를 바르길 바란다. 예수님과 함께 부정적인 꼬리표를 모두 떼어 내길 바란다.

행여 당신의 자녀들에게 부정적인 말, 상처가 되는 말, 잘못된 꼬리표를 붙여 놓았는가? 예수님의 이름으로 그것을 자르자. 위대한 이름으로 바꾸어 살아가도록 축복하길 바란다.

> 세계적으로 유명한 미국의 존스홉킨스 의과대학 연구보고서에 의하면 부모와 친밀한 관계를 누리지 못하는 자녀들, 마음속에 부모로부터 받았던 상처를 가지고 살아가는 자녀들은 고혈압, 동맥관상질환, 악성종양, 정신병, 자살 충동 지수가 다른 사람들보다 훨씬 더 높았다고 한다.

부모 된 사람은 자녀들에게 용기와 희망을 주는 말을 해야 한다. 자녀들의 미래를 축복하는 말을 하고 살아야 한다.

「최고 경영자 예수」라는 책을 써 유명해진 로리 베스 존스라는 사람이 있다. 그의 저서 중 「억만금의 재산보다

한 줄의 예언을 물려줘라」는 책이 있다. 부모는 유언을 잘해야 된다는 것이다. 자녀들에게 평생 지울 수 없는 용기와 희망과 꿈을 가지고 살아갈 수 있는 놀라운 유언을 할 수 있어야 된다는 것이다.

인생의 절정: 축복의 순간

믿음 장으로 알려진 히브리서 11장에는 믿음의 전당에 올라 있는 여러 가문들이 나온다. 그 가운데 아브라함의 가문을 통해서 축복의 가문이 어떻게 대를 이어 가는가를 보여 주고 있다. 이 가문은 하나님과 참 친밀했던 가문이었다. 아브라함의 별명이 하나님의 벗, 하나님의 친구였다.

> 어떤 장로님의 가정의 마당에서 아이들이 소꿉장난을 하며 놀고 있었다. 아이들이 자기 아버지를 자랑한다. "우리 아빠는 시장님하고 친해." 옆에 있던 다른 아이가 "우리 아빠는 국회의원님하고 친해." 이때 장로님 아들이 가만히 있다가 "우리 아빠는 하나님

하고 친해." 이 말을 들은 장로님은 '내 아이를 헛되지 않게 키웠구나. 내가 헛되게 살지 않았구나.' 마음이 든든해졌다.

아브라함의 가문에서는 그 자손들을 동일한 약속을 받은 자로 인정하고 존중했다: "동일한 약속을 유업으로 함께 받은 이삭 및 야곱과 더불어 장막에 거하였으니"(히 11:9). 아브라함은 하나님으로부터 자신이 비전을 받고 약속을 받았지만, 자신의 자손들에게도 동일한 비전과 약속이 주어졌다는 것을 알고 있었다. '내가 받은 비전은 곧 내 자식들의 비전이다. 내가 받은 축복과 약속은 동일하게 내 자손들에게 주어진 축복이다.' 이것을 자손들에게 나누어야 될 책임이 아브라함 자신에게 있다고 생각했다.

기억하자. 부모로부터 인정받지 못하는 아들은 세상으로부터도 인정받으며 살 수 없다. 내 부모로부터 존중받으며 살지 못하는 자녀들이 역사로부터 존중받는 인물로 성장하기는 대단히 어려운 것이다. 복된 가문의 세대 계승 원리가 무엇인가? 축복하는 일이다.

"믿음으로 이삭은 장차 있을 일에 대하여 야곱과 에서에게 축복하였으며 믿음으로 야곱은 죽을 때에 요셉의 각 아들에게 축복하고"(히 11:20~21).

자기가 받은 비전과 복을 가지고 자손들을 축복하는 방법을 통해서 복된 가문을 이어 갔다. 사실 이삭이나 야곱의 일생은 그 누구보다 파란만장한 인생이었다. 이삭은 소년 시절 아버지 아브라함의 손에 이끌려 모리아 산 언덕을 오르고 있었다. "아버지, 나무는 여기 있는데 번제할 어린 양은 어디 있나요?" "여호와께서 준비하실 것이다." 모리아 산 언덕에 오른 아브라함은 장작을 쌓아 놓고 이삭을 묶는다. "아들아, 네가 바로 하나님께서 준비하신 어린 양이다." 이삭은 반항하지 않고, 항거하지도 않은 채 아버지에게 순복한다. 이 얼마나 멋진 장면인가? 내가 히브리서 기자였다면 이 장면이 이삭의 생애 가운데 절정인 클라이맥스 생애였다고 기록했을 것이다. 그러나 히브리서 기자는 이 장면에 대하여 침묵하고 있다.

야곱의 인생은 더욱 파란만장하다. 요셉의 인도로 바로 앞에 섰다. "네 나이가 몇이냐?" 바로 왕이 야곱에게 물었을 때 야곱이 대답한다: "내 나그네 길의 세월이 백삼십 년이니이다 내 나이가 얼마 못 되니 우리 조상의 나그네 길의 연조에 미치지 못하나 험악한 세월을 보내었나이다"(창 47:8~9).

사랑하는 아들 요셉을 보는 재미로 살았던 아버지. 그 아들이 짐승에 찢겨 죽은 줄 알고 피 묻은 채색 옷을 끌어안고 평생 가슴을 졸이며 살아왔다. 눈먼 아버지를 속이고, 형의 장자의 축복을 가로채고 먼 길로 도망을 간다. 그리고 외삼촌 라반의 집에서 속고 속이는 처절한 피 흘림의 투쟁을 계속하게 된다. 돌아오는 길에 얍복강 나루터에서 하나님과 한판 씨름을 하다 허벅지 관절이 부러진 다음에 야곱의 이름이 이스라엘로 바뀐다.

그런데 히브리서는 그들의 이런 파란만장했던 일대기에 대해선 침묵하고 있다. 그들의 일생 가운데 가장 빛나고 가장 영광스럽고 가장 멋있었던 장면이 무엇인가? 이삭과 야곱, 아브라함 그리고 요셉의 그 수많은 인생 여정 가운데 핀셋으로 집은 듯이 단 한 토막을 집어서 "이것이 바로 그들 인생의 절정이었다", "이것이 야곱 인생의 클라이맥스였다" 할 수 있는 부분이 있다면 그것은 바로 그들의 자식을 축복하는 장면이었다고 히브리서 기자는 기록하고 있다. '이삭은 그 자식들을 축복했다. 야곱은 그 자식들을 축복했다. 믿음으로 살다가 하나님 앞에 받았던 축복과 약속과 비전을 남기고 믿음으로 죽었다. 이것이 그들의 인생이었다' 하는 것이 히브리서 기자의 해석이다.

믿음 중 최고의 믿음은 축복하는 믿음이다. 믿음의 절정은 축복하는 순간이다. 이 땅에서도 영원히 대를 이어 가고 영원히 남는 믿음은 축복하는 믿음이다. 신앙의 총결산은 마지막 날 내가 남기는 축복에 의해 판가름 난다. 성도가 가진 가장 위대한 재산은 축복권이다. 특별히 부모는 자식을 향한 축복의 권세가 있다. 그래서 서양 속담에 "그 부모의 손끝에는 하나님이 계신다"는 말이 있다. 이 손끝으로 내 자식을 저주하면 그 자식이 저주를 받는다. 이 손끝으로 내 자식을 축복하면 내 자식이 복을 받게 되는 것이다.

에이브러햄 링컨이 많은 기자들에게 둘러싸여 있을 때 한 젊은 기자가 물었다. "당신을 오늘의 링컨으로 만든 힘이 무엇입니까?" "내가 잠자리에 들 때나 잠자리에서 일어날 때는 언제나 어머니의 손이 얹혀 있었습니다. 그 어머니의 기도는 나를 격려하는 축복으로 넘쳐 있었습니다. 그래서 우리가 살던 오두막 통나무집에는 언제나 구석구석 어머니의 축복의 기도 소리가 가득히 스며 있었습니다. 어머니께서 내게 주셨던 축복의 말씀은 내가 들에서 일을 할 때도, 선거에서 여러 번 낙방할 때도, 내가 상원의원으로, 대통령으로 직무를 감당할 때도 언제나 내 귓전을 떠나지 않았습니다. 오늘의 나를 만든 것은 어머니의 손, 어머니의 축복하는 기도의 소리였습니다."

이태리 음악가인 엔리코 카루소라는 유명한 테너 가수가 있다. 어려서부터 성악가가 되는 꿈을 가지고 있었다. 학교 선생님에게 자신의 장래 희망이 성악가라고 말했을 때 음악 선생님은 "네 목소리는 덧문이 바람에 흔들리는 것 같이 시끄럽기만 하다. 네 목소리를 듣는 모든 사람들의 귀가 피곤해질 것이다. 성악가가 되는 꿈을 포기해라" 하고 말했다. 그러나 그의 어머니는 "너의 목소리는 감미롭고, 너의 목소리를 듣는 모든 사람은 황홀한 기쁨에 젖어들 것이다"라고 말했다. 가난한 과부였던 그의 어머니는 농사일을 하며 아들이 음악가가 되도록 뒷바라지를 아끼지 않았다. 언제나 아들의 머리 위에 손을 얹고 축복 기도를 했다. "사랑하는 아들아, 하나님이 너와 함께 계시니 너는 하나님과 함께 위대한 사람이 될 거야." 이로 인해 세계적인 테너 가수 엔리코 카루소가 탄생된 것이다. 과연 그의 목소리는 감미로웠고 황홀했다. 그의 목소리는 힘이 넘쳤고 희망이 솟아올라 있었다.

무엇이 이들을 이렇게 훌륭하게 만든 것인가? 어머니의 축복, 어머니의 축복의 손길이었다.

축복의 내용: 창세기 본문
창세기 본문은 히브리서 11장 본문 중에서 야곱의 축복하는 현장이다. 자손들을 축복한 내용이 나온다.

"그가 요셉을 위하여 축복하여 이르되"(15절).

"이들로 내 이름과 내 조상 아브라함과 이삭의 이름
으로 칭하게 하시오며"(16절).

이게 무슨 말인가? 쉬운성경은 이렇게 번역되어 있다.

"제 이름이 이 아이들을 통해 알려지게 해 주십시오.
제 조상 아브라함과 이삭의 이름이 이 아이들을 통해
알려지게 해 주십시오."

복 받은 조상의 이름과 비전이 내 자식들에게 계대되고, 또 그 자식들을 통해 조상들의 이름과 비전이 빛나게 되기를 축복하고 있다. 그리고 이어지는 하반절 말씀에서 "이들이 세상에서 번식되게 하시기를 원하나이다"라고 축복하며, 조상의 복과 비전이 계대되는 데서 그치는 것이 아니라 계속해서 번식되기를 원하고 있다. 계속해서 번성되기를 축복하는 것이다.

여기서 '번식' 혹은 '번성'이라는 말은 히브리어로 '다그'라는 말로, 이는 '물고기'라는 말에서 파생된 단어다. 알 밴 물고기를 본 적 있는가? 조그마한 물고기 배

속에 수만 개의 알이 들어 있다. 그래서 바다의 물고기는 잡아도 잡아도 끝이 없다. 이처럼 하나님의 백성들이 이렇게 번성하게 해 달라고 축복하는 것이다.

당신의 신앙이 이렇게 번성하기를 축복한다. 당신의 비전과 제자들이 이렇게 번성하기를 축복한다. 당신의 가문이, 자손이, 재산이 이렇게 번성하기를 축복한다.

"하나님이 네게 에브라임 같고 므낫세 같게 하시리라"(20절).

여기 에브라임과 므낫세는 요셉의 두 아들이다. 무슨 말인가? 앞으로 이스라엘 백성들이 자식들을 축복할 때 "하나님 아버지, 내 아이들이 에브라임 같이 복을 받게 해 주십시오. 므낫세 같이 복을 받게 해 주십시오" 하며 축복하게 되기를 원한다는 것이다. 너는 복의 근원, 복의 모델이 될 것이라는 축복이다.

"아무개처럼 복을 받고 아무개처럼 번성하고 아무개처럼 살기를 원한다." 신앙의 모델이 되는 삶! 이 얼마나 멋진 삶인가? 복의 모델이 되는 사람! 이 얼마나 근사한 사람인가? 비전의 모델이 되는 사람! 이 얼마나 영광스런 모습인가?

> "이스라엘이 요셉에게 또 이르되 나는 죽으나 하나님이 너희와 함께 계시사"(21절).

'부모인 나는 너와 함께 이 땅에서 오래 살 수 없지만, 하나님은 내가 없는 곳에서도 너희와 반드시 함께하시기를 축복한다.' 멋진 축복 아닌가?

앞서 살펴본 16절 말씀에서 이 하나님이 어떤 하나님이라고 말하고 있는가? "내가 이 땅에 살아갈 때 무서운 환난과 위기에 부딪혔지만, 하나님께서 나를 환난에서 건져 주셨느니라. 너 또한 이 땅에 살면서 많은 환난에 부딪히게 될 거야. 그러나 그 하나님이 너와 함께하심으로 말미암아 그 환난에서 너는 쓰러지지 않고, 넘어지지 않고 당당히 일어나 역사의 현장을 승리하며 달려가게 될 것이다. 수많은 갈등과 위기에 부딪히겠지. 그러나 전능하신 하나님이 너와 함께하심으로 말미암아 바른 길을 선택하게 될 것이고, 복된 길을 걸어가기를 내가 원하노

라. 하나님이 너와 함께 계심으로."

감리교 창설자인 요한 웨슬리는 죽을 때 자식들을 모아 놓고 빈 지갑을 보여 주었다. 그러고는 유언의 말로 이렇게 축복한다: "나는 너희에게 제일 좋은 것을 물려준다. 이 땅에 살아가는 동안 나의 제일 귀한 보화는 하나님이 나와 함께하는 것이었다. 나는 너희들에게 나의 하나님을 물려주노라. 하나님이 영원토록 너희와 함께하실 것이다."

그렇다. 부모가 자식에게 물려줄 수 있는 최고의 축복은 오래 사는 것이 아니다. 돈을 많이 물려주는 것도 아니다. 많은 지식도, 높은 권세도 아니다. 하나님이 그들과 함께하시는 것, 이보다 더 큰 복은 없다.

하나님이 당신과 함께하실 때 당신이 오래 사는 것은 대단히 의미 있는 일이다. 하나님이 당신과 함께하실 때 당신이 많이 가진 재물들은 대단한 중요성을 가지게 될 것이다. 하나님이 당신과 함께하심으로 말미암아 당신의 지식과 권세는 의미 있게 될 것이다.

하나님이 우리와 함께 계신다. 임마누엘의 하나님! 그분이 당신의 삶의 여정에 동행하시기를 축복한다. 임마누엘의 하나님이 당신의 손을 통하여 자손들과 동행하시기를 원한다. 축복을 먹고살았던 수많은 우리의 자녀들 가운데 세상적인 인물이 아니라 세계적인 인물이 나오기를 주님의 이름으로 축복한다.

어떻게(How) 축복할까?

그러면 자녀들을 축복할 때 어떻게 축복해야 할까? 성경에서 축복이란 말은 히브리어로 '베라카'인데, 이는 손을 얹고 입으로 하나님의 선하심과 은혜로우심을 증거하며 의미 있는 말을 남기는 행위를 말한다. 헬라어로는 축복을 '율로기'라 하는데, 이 말은 '칭찬하다'라는 말과 같은 뜻이다.

성경에서 축복이라고 할 때, 첫째, 하나님이 직접 우리를 축복하시는 강복이 있다. 둘째, 우리가 하나님의 위대하심을 높여 드리는 송축이 있다. 셋째, 하나님께서 우리에게 주신 삶의 환경을 축복하는 내용이 있다.

"네 몸의 자녀와 네 토지의 소산과 네 짐승의 새끼와 소와 양의 새끼가 복을 받을 것이며"(신 28:4).

넷째, 하나님의 이름으로 한 사람이 다른 사람에게 복을 비는 축복이 있다. 특별히 아버지와 어머니가 자식을 축복하는 것, 성경은 이것을 축복이라고 말한다. 이때 포옹을 하기도 하고 손을 얹기도 한다. 하나님의 중요한 약속을 그들에게 전달해 주는 것이다. 예수님도 몰려오는 어린아이를 품에 안으시고 그들 위에 손을 얹어 축복하셨다. 당신의 축복을 먹고 자란 자녀, 가문 안에서 세계를 이끌고 세상을 바꾸는 인물이 나오기를 축복한다.

롤프 가복이라는 사람이 쓴 「하루에 한 번 자녀를 축복하라」는 책에 나오는 축복의 방법들을 소개함으로 이 장을 마무리하려 한다.

1. 부모의 손은 자녀를 축복하기 위해 모두 기름부음을 받았다. 그러므로 축복하는 부모가 되라.
2. 이 땅의 모든 가정을 축복이 넘치는 가정으로 만들어라. 그 이름을 위해서 너는 부모로 부름을 받았다.

3. 하나님의 이름으로 하는 축복은 힘이 있고 은총이 넘친다.
4. 축복은 하나님의 선하심을 흘려보내는 통로다.
5. 모든 일을 축복으로 시작하고, 그 축복이 임하는 모습을 보고 인생을 즐겨라.
6. 자녀를 칭찬하는 것은 최고의 축복이다.
7. 나쁜 꼬리표를 떼고 좋은 이름을 붙여 축복하라.
8. 자녀에게 말해 왔던 부정적인 말의 힘을 파괴함으로 저주를 끊고 축복을 이어 가라.
9. 그리스도인은 불신자가 읽는 유일한 성경책이다. 불신자를 축복할 기회를 찾아라.
10. 축복을 끊는 사람이 되지 말고, 바로 지금 그 자리에서 축복이 당신을 통해 흐르게 하겠다고 결단하라.